経営戦略の教科書

遠藤功

光文社新書

はじめに～「戦略論」ではなく、「戦略」を学ぶ

「経営戦略とはダイナミックな〝生き物〟である」

早稲田大学ビジネススクールで経営戦略を教える私の講義の底流には、二十年以上の戦略コンサルタントとしての経験に基づくこの思いがあります。

たとえば、人として充実した人生を歩むには、戦略らしきものが必要だと私は思っていますが、そこには万人に共通する「理論」も「正解」もありません。能力も考え方も性格も異なるひとり一人の人間が、絶えず変化する時代の中で自分らしい成功、あるいは「幸せのカタチ」を見据えながら、柔軟に生きていきます。

企業の経営戦略も同じです。何らかの「理論」に当てはめたら必ずうまくいく、というような「正解」などないのです。しいて言うなら、狙い通りの結果が出たときに初めて、「その経営戦略は正解だった」ということ。その「正解」もすべての企業にとって「正解」とは

なりえないことは言うまでもありません。

しかし、「だから、経営戦略など学ばなくていい」と言うのではありません。人生において、さまざまな人の生き方や経験から得た学びや教訓が、自分自身がより良い人生を歩むことに資するように、経営戦略も「生きた事例から学ぶ」ことがとても重要です。

百社百様の経営戦略がそれぞれどのようなプロセスを経て生まれ、実践され、どのような結果をもたらしたのか、豊富な事例を疑似体験することによって、経営戦略の本質とは何かを理解する。そして、その本質を念頭に、自社の経営戦略を編み出していく。そうした実践の延長線上で、「経営戦略とは何か」を自分なりに会得する。私の講義では、そんな学習プロセスを想定しています。

要するに、「さまざまな事例をもとに、経営戦略という捉えどころのない〝生き物〟の正体とは何かをみなさんといっしょに考えていく」ことが講義の要。理論から入るのではなく、多様な事例から、創造的で成果につながる経営戦略を立案するための学びや気づきを提供したいと考えています。

これは私なりに工夫を凝らした講義スタイルですが、参考までに他のビジネススクールで教える一般的な経営戦略の講義内容について触れておきましょう。そのアプローチは大別すると、二つに分類できます。

一つは、経営戦略の「理論」を中心に教えるものです。ほとんどの場合、教員は学者先生の方々です。

一口に経営戦略といっても、学術的に見れば、プランニング学派、ポジショニング学派、リソース・ベースト・ビュー学派など、いくつもの学派があります。創発的戦略理論を唱えたヘンリー・ミンツバーグは、戦略論を十もの学派に分類し、さらにそれは進化していると述べています。当然、それぞれの視点によって打ち出される理論的体系は大きく異なります。

それはいいとして、困るのはどれも聞いたその場では「ふむふむ」とうなずける理論ながら、いくら説明されてもいまひとつ「腹落ち」感がありません。ダイナミックに変化するビジネスの実態のほうが常に理論より先行しているために、どうしても理論が〝後づけの講釈〟になってしまいがちなのです。「どの学派も興味深い示唆を投げかけてはいるものの、完璧な理論とはなりえていない」と言わざるをえません。

もう一つは、経営戦略の理論はさておき、経営戦略を考える際に使えそうなフレームワーク（枠組み）やツールを中心に教えるという講義です。

これは私のような〝経営コンサルタント上がり〟の教員が好んで用いるアプローチ。一般的によく知られているSWOTや3C、PPM、バリューチェーンなど、とにかく山ほどあるフレームワークを解説し、その使い方を伝授する形で授業が進められます。

そうしたフレームワークやツールが役に立たないとは言いません。自分の頭の中や事実を整理する〝道具〟としては有効な場合もあります。しかし残念ながら、そうした道具だけをいくら学んで使ってみたところで、ユニークで卓越した経営戦略を生み出せるわけではありません。

経営戦略の講義の主流となっているこうした理論やフレームワークは、いずれも時代の変化や企業の置かれている環境とともに進化していきます。逆に言えば、時代や環境の変化によって、知識の多くは陳腐化し、使いものにならなくなります。

経営戦略を立案する際には、理論やフレームワークに振り回されずに、その原理原則を学ぶことが何より大切です。理論や手法に振り回されるのではなく、経営戦略の底流にある「本質」と向き合うこと。それが、経営戦略を研究し、指導する教員としての正しい態度だと私は考えています。

本書では、そんな私が早稲田大学ビジネススクールで行っている講義を初公開します。三つの補講を含む全十八回の講義には、多様なケーススタディや私自身が実際にコンサルタントとして携わった事例をふんだんに盛り込んでいます。必ずや、「腹にストンと落ちる」感覚とともに学んでいただけるはずです。

事例と理屈（理論）と道具（フレームワーク）の三つの要素が噛み合って理解されたとき、生きた知識として身に付くのです。一般的な「戦略論」ではなく、「戦略」を学んでもらいたいと願っています。

グローバル競争が加速し、経営環境が激変する今、多くの日本企業は経営戦略の見直しを迫られています。繰り返しますが、経営戦略は〝生き物〟です。過去の経営戦略にしがみつくのではなく、新たな環境に即したダイナミックで、鮮度の高い経営戦略の立案がなければ、日本企業の再生、復活は果たしえません。

一連の講義がみなさんにとって、経営戦略の「本質」を学ぶ第一歩となり、日本企業を再び成功に導く創造性豊かで、理に適《かな》った経営戦略の立案に結びつくことを、心から願っています。

二〇一一年六月

遠藤　功

はじめに

―目　次―

帯写真・長谷川新

講義1

経営戦略とは何か

ようこそ、遠藤功の「経営戦略」講座へ。これから補講を含む全十八回の講義で、一緒に経営戦略を学んでいきましょう。

講義1のテーマは「経営戦略とは何か」です。これはこの講座の導入部であると同時に、ベースとなる考え方を理解するとても大切なパートです。

経営戦略によって企業に魂が宿る

ビジネススクールに入学されたみなさんは、これから経営に関するさまざまな知識を体系的に学んでいくわけですが、その柱のひとつが経営戦略です。といっても、経営企画部あたりに所属している方は別ですが、それ以外の多くの人にとっては経営戦略というものは、日頃あまりなじみのあるものではないと思います。

それよりも、マーケティングだとか営業、生産管理、財務・経理といった実務に直結する機能別の知識を学ぶことにより大きな関心があるかもしれません。確かに、そうした機能別の知識は実践に直結しますし、すぐに役立つことも多いかもしれません。

それに比べると、経営戦略というものはその重要性こそ誰も否定しませんが、どこか漠然としていて、掴みどころがありません。建物や設備、人材のように目に見えるわけでもありません。

もちろん経営戦略も中期経営計画などのような「計画」に落とし込まれ、目に見える形として表現されることはありますが、それでもどこか漠然としたものであることにはあまり変わりがありません。

しかし、それでも経営戦略は企業経営において最も重要な根幹部分です。理に適った経営戦略なしに、よい経営をすることはできません。経営戦略が不在だったり、その品質が低ければ、その企業は迷走し、成功を手に入れることはできないでしょう。

端的に言えば、経営戦略とは経営の「意思」であり、多様なステークホルダーとの「約束」です。どのような会社を目指すのか、どのような存在になりたいのかを意思表示し、株主や顧客というステークホルダーと約束するものが経営戦略なのです。

企業は設立手続きを行い、登記をすれば誰でもつくることができます。しかし、それだけでは所詮「箱」をつくったにすぎません。経営戦略を練り込み、明らかにすることによって、企業に「魂が宿る」のです。

合意された組織の目標

そもそも戦略「Strategy」という言葉はどこから生まれたのでしょうか。戦略には多様な定義がありますが、その語源は軍事用語だと言われています。「Strategy」は「軍隊(Stratos)を統率する(agos)」というギリシャ語がその語源です。『戦争論』の著者であり、プロシアの将軍であったカール・フォン・クラウゼヴィッツが、軍事行動の全体の目的を意味する「全体戦略」(Grand Strategy)という言葉を生み出しました。

ビジネスの世界において、戦略という言葉を最初に使ったのは、アルフレッド・チャンドラーです。彼は一九六二年に出版した『経営戦略と組織』という名著の中で、戦略を「企業の長期的目標と目的の決定、行動指針の採用、目的を達成するために必要な資源配分」と定義しました。近代経営における戦略はまさにここが起点と言えます。

こうした偉大な先達の定義をもとに、私は自分なりに戦略を「合意された組織の目標」であると定義しています。この「合意された」というところが重要です。さまざまなステークホルダーが関与する経営においては、どんなに理屈が通っていても、合意がなければ組織の目標とはなりえません。

現在の日本という国家が混迷の度合いを深めているのも、実はその根っこの理由として国家としての「戦略の不在」が上げられます。民主党は「マニフェストがあるではないか」と主張するかもしれませんが、党の中でさえ意見が分かれ、「合意されていない」マニフェストを戦略と呼ぶことはできません。組織に関わるステークホルダーのマジョリティが納得し、共感するものであることが戦略の重要な条件と言えます。

経営とは価値創造である

チャンドラーが定義した「企業の目標」を議論する前に、そもそも「企業は何のために存在するのか」、すなわち「経営の目的」について考えてみましょう。

その答えもけっして一様ではありません。「利益を上げること」「株主価値を極大化すること」が経営の目的だと主張する人もいるでしょう。確かに、利益を上げ、企業のオーナーである株主に還元することは、資本主義社会の中の存在である企業にとって、大切な命題です。

しかし、私は企業経営の本質は、「価値創造」にあると考えています。顧客に認められる価値を生み出してこそ、顧客はそれを購入し、対価を支払おうとします。それによって、企業は収益を上げることができます。価値創造に成功しなければ、利益を上げることも、株主に還元することもできません。

たとえば、製薬会社は、研究に研究を重ねて病いや体の不調に悩む人たちが健康な生活を取り戻せるよう、さまざまな新薬を開発する努力を続けています。ファッションブランドは、品質とデザインを究め、快適な着心地やおしゃれ心を満たす服・装身具をつくろうとがんばっています。町のクリーニング店は、洗濯・シミ抜き・アイロンなどの技術力を養い、人々が清潔な暮らしを営めるようサービスを提供しています。

利益にしても、株価や配当にしても、顧客が認める価値を生み出したことによる「副産物」にすぎません。企業活動の本質とは、価値創造活動のことなのです。

ピーター・ドラッカーはその著書『マネジメント』の中で、経営の目的を「顧客の創造」であると定義しました。「市場をつくるのは、神や自然や経済的な力ではなく企業である」と看破し、顧客を創り出すことこそ、企業の使命であると位置づけたのです。

「価値創造」と「顧客の創造」は表裏一体のものです。顧客を生み出すためには、顧客が認める価値を生み出さなくてはならないからです。企業活動はすべて価値を生み出すことに収斂《しゅうれん》しなくてはなりません。優れた経営とは、全社一丸となって「価値創造」に邁進《まいしん》し、顧客が認める価値を生み出すことなのです。

持続的な差別化こそ企業の目標

企業経営を考える際にもうひとつ考慮しなければならない要素があります。それが「競争」です。

規制などに守られていて、新規参入が行われず、競争がない（独占）、もしくは競争が緩《ゆる》やかな状況（寡占）では、経営は比較的容易です。競争がない、もしくは激しくなければ、顧客はたとえ不満足な価値であっても受け入れざるをえないからです。しかし、独占や寡占は一部の業界に限られています。

大多数の企業は公正な自由競争の下、類似した価値を生み出そうとする手ごわい競争相手との真っ向勝負の中で、「価値創造」を実現しなくてはなりません。つまり、競争という環境下においては、顧客に「選ばれる価値」を生み出さなくてはならないのです。

「選ばれる価値」とは、「差別化された価値」のことです。競争相手とは明らかに異なる

「差別化」(Differentiation)が実現されてこそ、顧客に選択される企業となりえるのです。

しかも、その差別化は競争相手が簡単に模倣できるようなものでは意味がありません。模倣が困難で、持続性の長い差別化を目指すことが必要です。すなわち、差別化こそ企業活動の目標と言えます。

差別化とは換言すると、「際立つ」ことです。他の競争相手が提供することが困難な独自の価値を生み出すことができれば、抜きん出た「際立つ」存在になることができます。競争相手でも提供できるような同質的な価値ではなく、顧客が認知可能な明らかに異なる価値の創造を目指すことが求められます。

「どこよりも安い」「どこよりも品質がよい」「どこよりも性能がよい」など、差別化を考える「軸」は多様です。自分たちはどの「軸」に沿って差別化を実現するのか、どの「軸」においての「チャンピオン」を目指すのかを明らかにする必要があるのです。

自分たちが生み出す「価値を特定」する

ここまでの話をまとめると、「持続性の高い差別化された価値を生み出す」ことが企業活動の目標であると言うことができます。しかし、企業にとってどのような価値を生み出し、どのような差別化を実現するかの選択肢はけっしてひとつではありません。自由競争の下では、それこそ無数の選択肢がありえます。

たとえば、自動車をつくる会社になろうというのもひとつの選択肢です。さらには、同じ自動車メーカーであっても、価格が手頃な大衆車なのか、富裕層を狙った高級車なのか、走りにこだわるスポーツカーなのか、数多くの選択肢がありえます。自動車といっても、その価値にはさまざまなバラエティが存在します。

そうした選択肢の中から、自分たちが生み出す「価値を特定」することが必要です。この「価値の特定」こそが経営戦略です。つまり、自分たちが「戦う土俵」を見極め、絞り込むことが、厳しい競争に打ち勝つためには必要です。「戦う土俵」とは、競争相手と戦う「戦場」（バトル・フィールド）と呼び変えてもよいかもしれません。

どの「土俵」で戦えば、自分たちは持続的な差別化が可能なのかを冷静、かつ客観的に見極めること、数多くの選択肢の中から、自分たちが生み出すべき差別化された価値とは何かを決めることこそが、経営戦略の本質的な意義なのです。

だからこそ、経営戦略とは経営の「背骨」だと言うことができます。しっかりした「背

図表1　経営戦略の階層

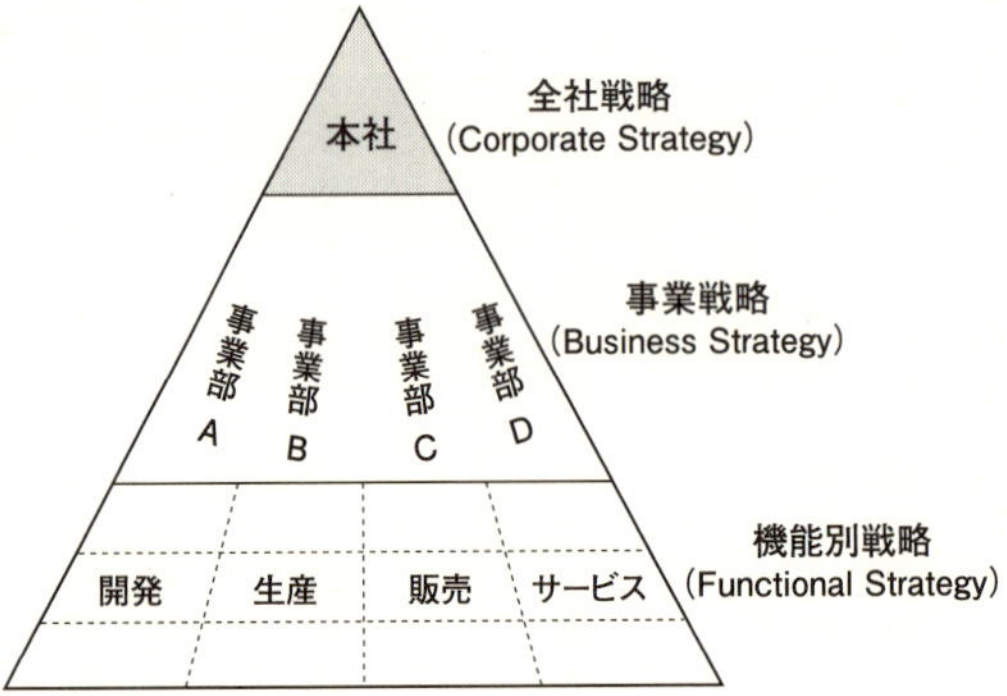

(出典)『企業経営入門』遠藤功著(日経文庫)

骨」があるからこそ、人間はひとり立ちし、歩むことができるのです。「背骨」がしっかりしておらず、グラグラしていたのでは、まっすぐ立つことも、歩くこともできません。

それと同様に、経営戦略がなかったり、グラグラしていたのでは、まともな企業経営は行えません。経営戦略を明確にすることによって、「価値創造」の方向性が定まるのです。

経営戦略には階層がある

それでは次に、経営戦略はどのように構成されているかについて考えてみましょう。経営戦略は大きく三つの階層――「全社」「事業」「機能」に分けて考えることができます。

企業全体としてどのような方向性に基づいて、どのような事業に取り組んでいくのかという全体像を示すのが「全社戦略」(Corporate Strategy) です。個々の事業単位でどのような価値創造をし、差別化を実現するかを明らかにするのが「事業戦略」(Business Strategy) です。

さらに、それぞれの事業戦略は、技術・開発、購買、生産、販売、財務、人事など各機能部門レベルの「機能別戦略」(Functional Strategy) に落とし込まれます。

ここで大事なのは、階層間の「整合性」です。三階層の戦略はそれぞれが独立したものではなく、相互に密接に関連しています。階層別の戦略に落とし込んでいくなかで、それぞれがバラバラな存在ではなく、互いに整合性のとれた一貫した戦略になっていなければなりません。現場レベルで遂行される機能別戦略が、経営トップが策定した全社戦略と有機的につながったものでなくてはならないのです。

たとえば、「高級車でチャンピオンになろう」という全社戦略が打ち出されているのに、営業の現場が「売れ筋である低価格車を売りたい」などと考えて仕事をしていたのでは、経営戦略は機能不全をきたします。そうした不整合が起きないように、戦略の階層間の一貫性、整合性をどのように担保していくかを考え、首尾一貫した経営戦略を練ることが大切です。

私が経営戦略を「合意された組織の目標」と呼ぶのは、まさにこの整合性、一貫性が大切だと信じているからです。

＊ケーススタディ1＊　コマツの「ダントツ戦略」

「自分たちが〝戦う土俵〟は、建設機械だ」

営業利益率一二％という高い収益性を誇る近年のコマツの快進撃は、原点に立ち返って断行した経営構造改革から始まりました。

時は二〇〇一年、バブルが崩壊したころに遡《さかのぼ》ります。この年、営業利益が赤字に転落。折しも社長に就任した坂根正弘氏（現会長）が、経営の立て直しに乗り出しました。それまでの多角化路線を捨て、事業を本業である建設機械に絞り込み、展開したその経営戦略の基本コンセプトは、「強みを磨き、弱みを改革」することです。具体的に見ていきましょう。

「強みを磨き」の第一の柱は、「ダントツ商品」の開発です。「モノ作り競争力は日本にあり」というコマツ独自の強みに立脚した戦略です。

「ダントツ商品」とは何か。坂根氏はその著書の中で、次の三つの条件を掲げています。

①思い切って犠牲にするところを先に決める
②他社が数年かけても追随できないような大きく差別化できる二、三の特長を持つ
③製造原価を従来機と比べて一〇%以上低減させる

この戦略に沿って、コマツは一番の強みである技術力を駆使し、建機業界で世界初とされる性能を搭載した「ダントツ商品」の開発に注力しました。その結果、二〇〇八年には新車売上金額に占める「ダントツ商品」の構成比は五〇%を超えています。

第二の柱として、「ITの活用」を打ち出し、「KOMTRAX(コムトラックス)」という車両遠隔管理システムを導入しました。これは、建設機械にGPS端末やセンサーなどを載せることにより、常に機械の稼働状況を把握するシステムです。もともとは中国で頻発する盗難を防止するために開発されたものですが、運用するうちに多様な使い道があることが分かってきました。

なにしろ、世界のどこでどのようにコマツの建機が稼働しているのかが、PC上でリアルタイムで分かるのですから、たとえば「どこかで稼働率が落ち始めたら、いち早く生産を絞り、逆なら増やす」というように、将来の需要を予測しながら効率的に生産す

ることが可能になります。

また、信用度の低い個人事業主相手のビジネスでも、稼働状況から支払い能力の有無を判断して適切に対応できるので、回収リスクを大幅に低減することができます。競合に先駆けて導入した「ＫＯＭＴＲＡＸ」は、市場シェアと収益性の両面で大きく貢献しています。

第三に「〝その他世界〟でのポジション向上」を目指し、アジアにフォーカスした戦略を展開しました。その努力が、中国の建機市場で二割強のトップシェアを獲得するなど、現在の好調な業績につながっています。

一方、「弱みを改革」については、坂根氏自らがデータを分析し、「製造コストは相対的に高くないにもかかわらず、営業利益率が米国の競争相手より六％も低い」ことに着目。「その最大の要因は固定費の高さと子会社乱造のツケ」という判断を下しました。そして、約五百億円の固定費削減、希望退職や出向者の転籍、子会社の整理などを進めたのです。これらは痛みを伴う改革でしたが、「今しかできない」と退路を断ち、断行したのです。

こうした建機事業の立て直しと共に、坂根氏は非建機事業にメスを入れました。多角

図表2　コマツの売上高・営業利益推移

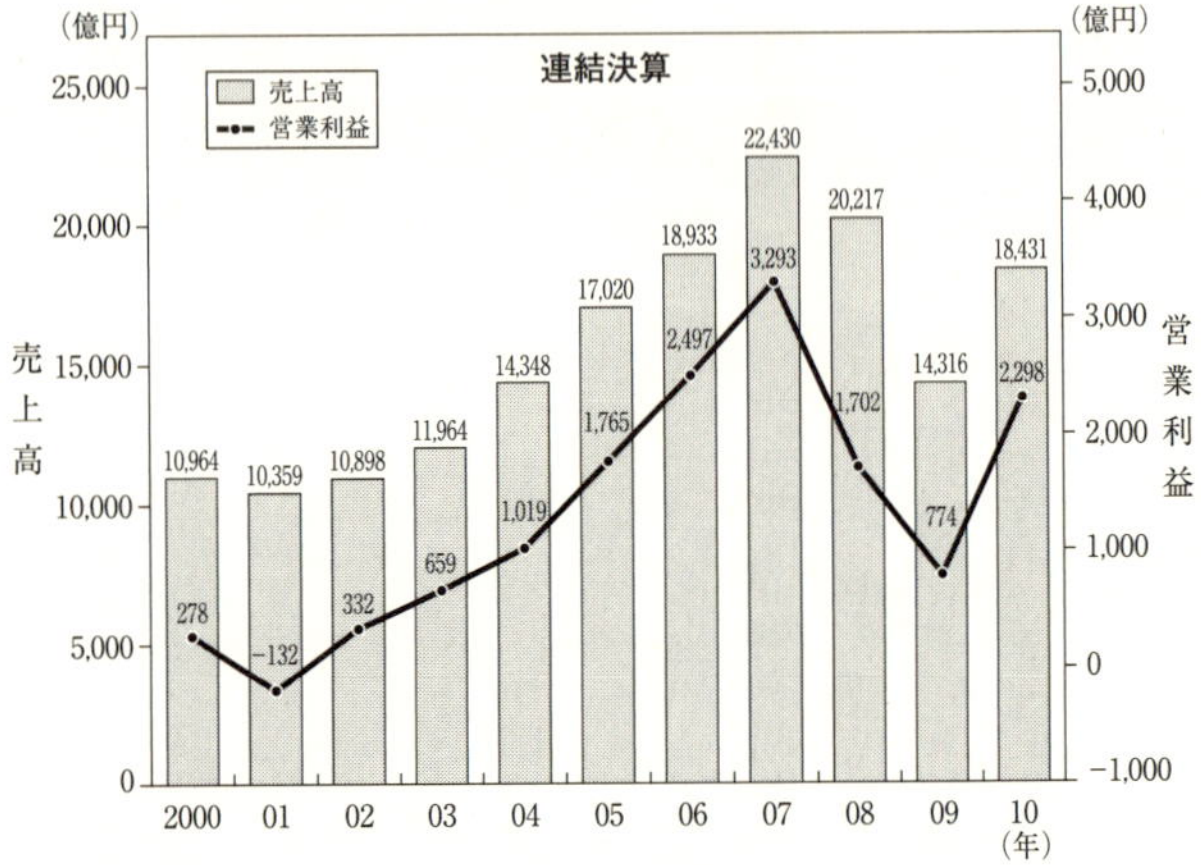

(出典) SPEEDAより

化という戦略によって拡大、拡散した非建機事業の多くを売却したり、コマツ本体から切り離す決断をしています。その結果、シリコンウエハーを製造・販売していたコマツ電子金属を同業のSUMCOに売却したり、半導体製造装置用光源事業をウシオ電機との合弁にしたりすることで、「非建機事業の自立再生」を図ったのです。

　この決断の背後には、「コマツは建設機械でまだまだ十分に勝負できる。世界に目を向ければ新興国を中心とする成長市場がいくらでもある。もう一度、建設機械に特化すべきだ」という坂根氏の戦略眼があります。自分たちが「戦う土俵」を見つめ直したコマツは、その後増収増益を続け、過去最高を更新するという回復ぶりを示したのです。

コマツは今、「ダントツ戦略」をさらに進化させています。最近の例で言えば、ハイブリッド建機が好例です。油圧ショベルの主力商品である二十トンクラスでハイブリッド建機を量産しているのは、今のところコマツだけです。

最近になってようやく建機メーカーによるエコ化商品の開発競争が激化しそうな気配が見えてきましたが、コマツはどこよりも早くハイブリッドに挑戦。「持続的な差別化が可能な価値」を生み出す努力を重ねています。

またロシアへの攻勢で、ダントツの強みを発揮しています。コマツがロシアに初めて進出したのは、ソビエト連邦時代の一九六八年のこと。以来四十年、極寒のシベリアでも耐えられるように建機に改良を加え、技術を磨いてきました。また商社マンですら行きたがらない奥地にも踏み込んで製品を届け、サービス拠点をつくる努力を続けてきました。

そうした地道な努力によって磨き込まれた技術と、アジアにフォーカスした戦略があったからこそ、豊富な資源が眠るロシアの〝攻めどき〟を捉え、市場開拓に成功したのです。今では、鉱山開発やパイプライン敷設の際には、必ず誘いの声がかかるほどの存在感を示しています。

このコマツの事例のように、自分たちが「戦う土俵」を明確にし、「持続的な差別化が可能な価値」を特定するという経営戦略の「背骨」がしっかりしてこそ、企業のベクトルが定まり、大きな力を発揮することができるのです。

講義2

「ゲームのルール」を理解する

前講では、「経営戦略とは何か」についてお話ししました。しかし、そもそもなぜ経営戦略が必要なのでしょうか？

経営には「合理性」が求められます。勘や思いつきだけでは、成功は覚《おぼ》つきません。こうした理詰めの経営を行うために、経営戦略が必要となるのです。

講義2では、「経営の合理性とは何か」について学びましょう。

なぜ経営戦略が必要なのか

経営戦略は経営の「背骨」ですが、経営はいきなり戦略づくりから始めるものではありません。その出発点は「ビジョン」です。

ビジョンとは、「こういうことをやりたい」「こういう会社をつくりたい」といった「目指すべき将来の姿」のこと。思いや夢と言ってもよいかもしれません。人間が営む企業は、個人の思いからスタートするのが一般的です。

しかし、漠然とした思いで留まっていたのでは、具体性に欠け、価値創造の具体的な形が見えてきません。どんなにすばらしいビジョンであっても、思いだけでは経営としての成功を手に入れることはできません。

たとえば「自動車メーカーになりたい！」という思いを持って会社経営を始めたとします。しかし、その思いだけでは、並み居るライバルたちとどう戦えばいいのか、具体的な姿は見えません。大衆車をつくるのか、それとも高級車をつくるのか。スポーツカーや小型車をつくるという選択肢もありえます。つまり、単に「自動車メーカー」を目指すというのではなく、「どのような自動車メーカーを目指すのか」という具体像を明らかにしなくてはなりません。

だからこそ、経営戦略が必要なのです。企業経営においては、ビジョンという曖昧模糊《あいまいもこ》とした思いを、経営戦略に落とし込むことが不可欠です。

そのためには、顧客や市場に関する情報、競争相手に関する情報、自分たちの強みや弱みなど客観的な情報収集や分析を行い、自分たちはどの「土俵」であれば「際立つ」ことができるのか、チャンピオンになることができるのかを冷静に見極め、最も可能性の高い「土俵」を特定することが必要です。

経営とはリスクをとって挑戦する「リスクテイキング」ですが、けっして一か八かの「ギャンブル」ではありません。経営とは、理詰めで考え抜いた合理的な経営戦略に基づいて、価値創造を実現する「サイエンス」でもあるのです。

「ゲームのルール」を知る

どんなゲームもルールを知らなければ、戦いようがありません。常に競争に晒《さら》されている経営というゲームも同じです。自分たちが戦う「ゲームのルール」を理解しなければ、勝つための経営戦略を立案することはできません。

「ゲームのルール」を理解し、経営の合理性を担保するために、数多くのフレームワークやツールが生み出されてきました。よく知られているものを三つほど、さらりと紹介しておきましょう。

・3C分析――企業を取り巻く環境を「Customer（顧客）」「Company（自社）」「Competition（競合）」の「三つのC」に分けて分析するもの。自社を取り巻く環境を客観的かつ総合的に整理できます。

・SWOT分析――「Strength（強み）」「Weakness（弱み）」「Opportunities（機会）」「Threats（脅威）」の四つの要素を分析・整理して、優位性を構築する上で何が武器となり、

図表3　3C分析

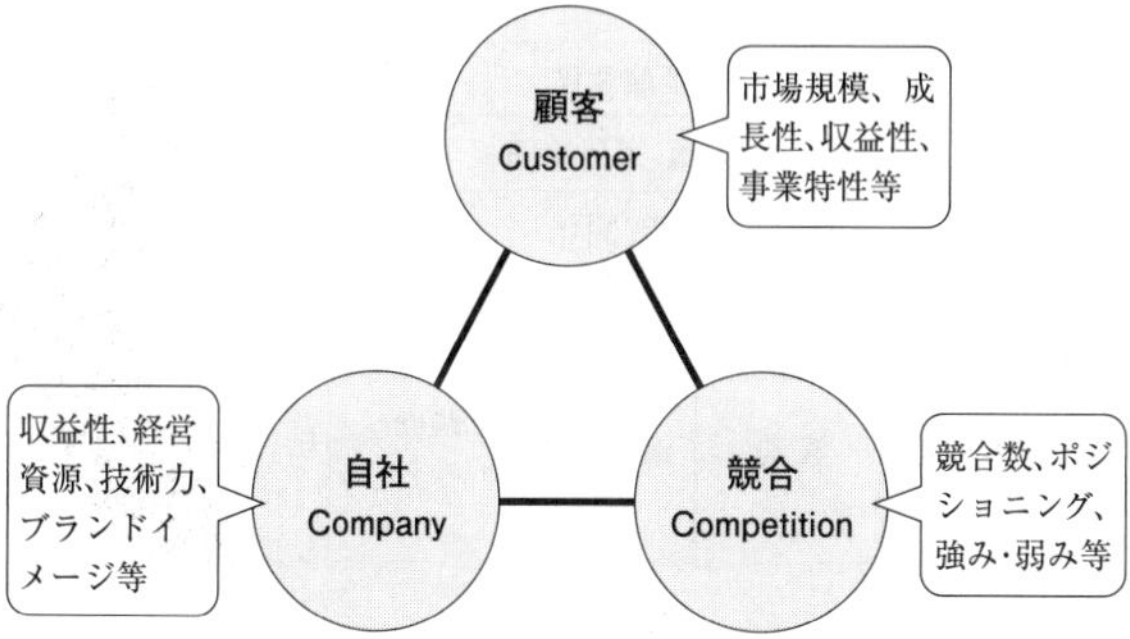

(出典)『企業経営入門』遠藤功著(日経文庫)

図表4　SWOT分析

	好影響	悪影響
外部環境	機会 Opportunities	脅威 Threats
内部環境	強み Strength	弱み Weaknesses

(出典)『企業経営入門』遠藤功著(日経文庫)

図表5　バリューチェーン(価値連鎖)

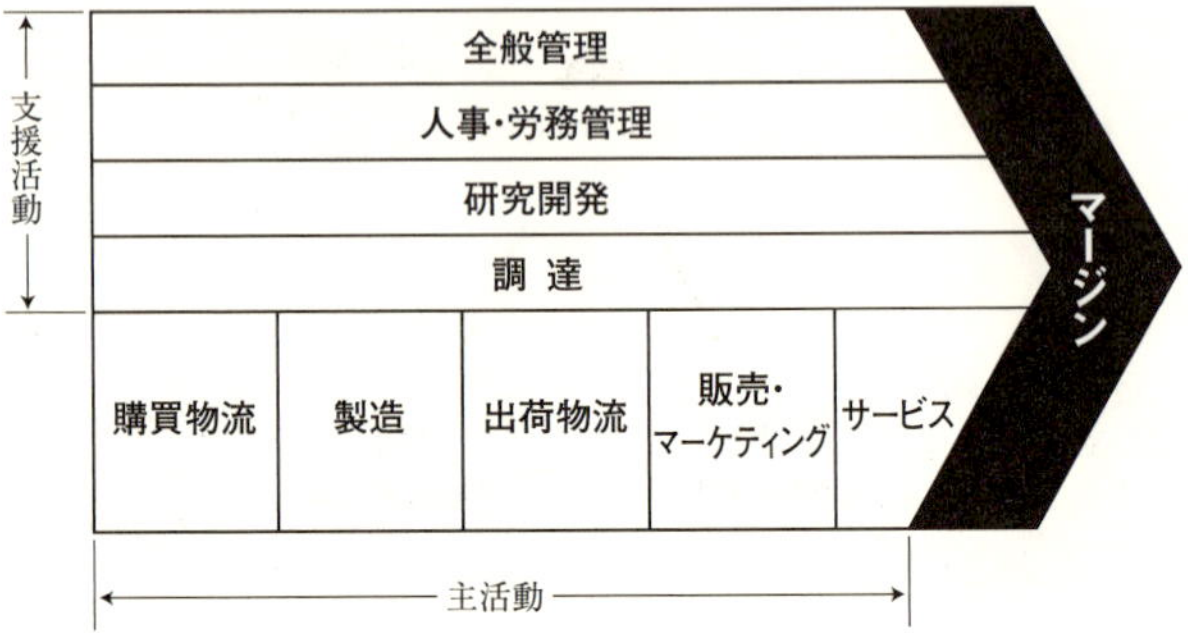

(出典)『競争優位の戦略』M.E.ポーター、土岐坤ほか訳(ダイヤモンド社)

何が足りないのかを明らかにします。

・バリューチェーン分析——バリューチェーンを日本語に訳すと「付加価値連鎖」。事業活動を機能ごとに分解して、どの部分に強み・弱みがあるか、どの部分で付加価値が生み出されているかを分析し、事業戦略の妥当性や改善の方向性を探ります。

こうしたフレームワークは事実を整理し、状況を客観的に把握するという意味では効果的です。しかし、戦略策定の示唆を得るという観点から見ると、一般的なフレームワークではありませんが、よりパワフルなコンセプトがあります。それは「アドバンテージ・マトリクス」です。

「アドバンテージ・マトリクス」で事業特性を掴む

「アドバンテージ・マトリクス」はBCG（ボストン・コンサルティング・グループ）が考案したコンセプトです。先の三つのフレームワークほど知られていないし、使われていませんが、「事業特性」、すなわちそれぞれの事業の「ゲームのルール」を理解する上でとても有効です。経営戦略立案において、まず最初に行わなければならないのが、この「アドバンテージ・マトリクス」に基づく分析・考案です。

図を参照しながら、説明していきましょう。

このコンセプトはそれぞれの事業において、「企業間の格差がどのように表れるか」に着目し、どうすれば優位性を構築しうるかのヒントを得ることができます。縦軸に事業の競争要因（戦略変数）の数、横軸に優位性構築の可能性を設定し、この二つの軸をもとに事業を四つのタイプに分類しています。

一つは「規模型事業」です。事業の規模が優位性を構築する唯一最大のポイントとなる事業で、規模が大きい企業ほど高い収益を上げることができます。したがって、このタイプの

図表6　アドバンテージ・マトリックス

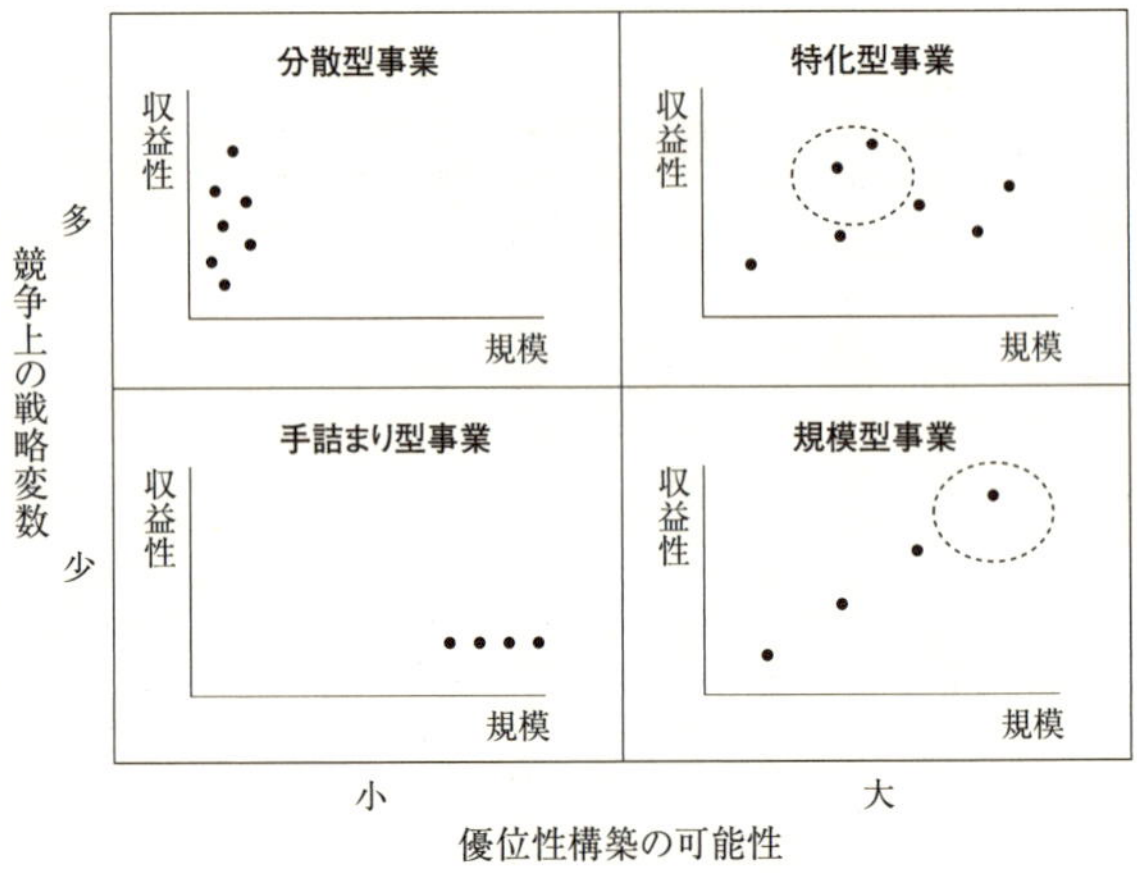

（出典）『MBA経営戦略』グロービスマネジメントインスティテュート編（ダイヤモンド社）

事業の基本戦略は、「シェアの拡大により規模を追求する」ことになります。

その典型例は、鉄鋼や化学といった装置型産業です。最新鋭の巨大設備に投資し、規模を活かした大量生産を行うことによって、コスト上の優位性を生み出すことにつながります。

二つ目は「特化型事業」。優位性を構築する競争要因が多数存在するので、事業規模に関わらず、特定の分野でユニークな地位を築くことによって高収益を上げることが可能です。

たとえば、医薬品業界がこれに該当します。ある分野に特化した独自の新薬開発で成果を上げ、ユニークなポジションを占めている企業がいくつも存在します。

三つ目は「分散型事業」。事実上大企業が存在しない業界で、競争要因は多いけれども、圧倒的な優位性を構築するまでには至らない事業です。個人経営の飲食店や商店は、この典型的な例と言えます。

たとえば、町のおそば屋さんや食堂など個人が経営する飲食店は、そこでしか食べられない味や店の雰囲気、サービスなど、差別化できる要素はたくさんあります。けれども、それが他の店を圧倒するほどの優位性にまではなかなか至りません。

四つ目は「手詰まり型事業」です。事業が成熟期から衰退期へと向かい、小規模企業が淘汰され、残った大企業も決定的な優位性を構築できない状態に陥ってしまった業界がこれに当たります。成熟産業であるだけに、ユニークな付加価値を生み出しにくい状況と言えます。ここから脱出するためには、新たな革新的価値の創出を模索するなど、戦略の抜本的な見直しが求められます。

典型的な例として、セメント業界が上げられます。規模化のメリットが限界に近づき、差別化を図る方策もないままに、どの会社も軒並み低収益に喘《あえ》いでいます。こうなると、撤退や統合再編を行う必要も出てきます。

多くの事業は分散型から始まり、特化型へと変化し、さらに規模型、手詰まり型へと移行していきます。「アドバンテージ・マトリクス」に基づいて、自社の事業がどのような特性を持っているのかを見極めることによって、自分たちはどのように競争に挑むべきか、その戦い方が見えてきます。規模と収益性という二軸のみで業界の「ゲームのルール」を把握するというとてもシンプルなコンセプトですが、そこには本質的な示唆が詰まっています。

事業特性は時代や環境とともに変化します。その変化を先取りしたり、変化を仕掛けることによって、ユニークな経営戦略を立案することが可能となります。その点については、講義3で詳しく述べたいと思います。

「V字カーブ」が教えてくれること

事業特性を把握する「アドバンテージ・マトリクス」をベースに、それぞれの業界の「ゲームのルール」を見てみると、ひとつの傾向が読みとれます。それは「V字カーブ」という現象です。すべての業界とは言いませんが、きわめて多くの業界でこの傾向が見られます。

まず、規模を誇り、収益性の高い企業として「リーダー」企業が存在します。業界トップ

図表7　V字カーブ

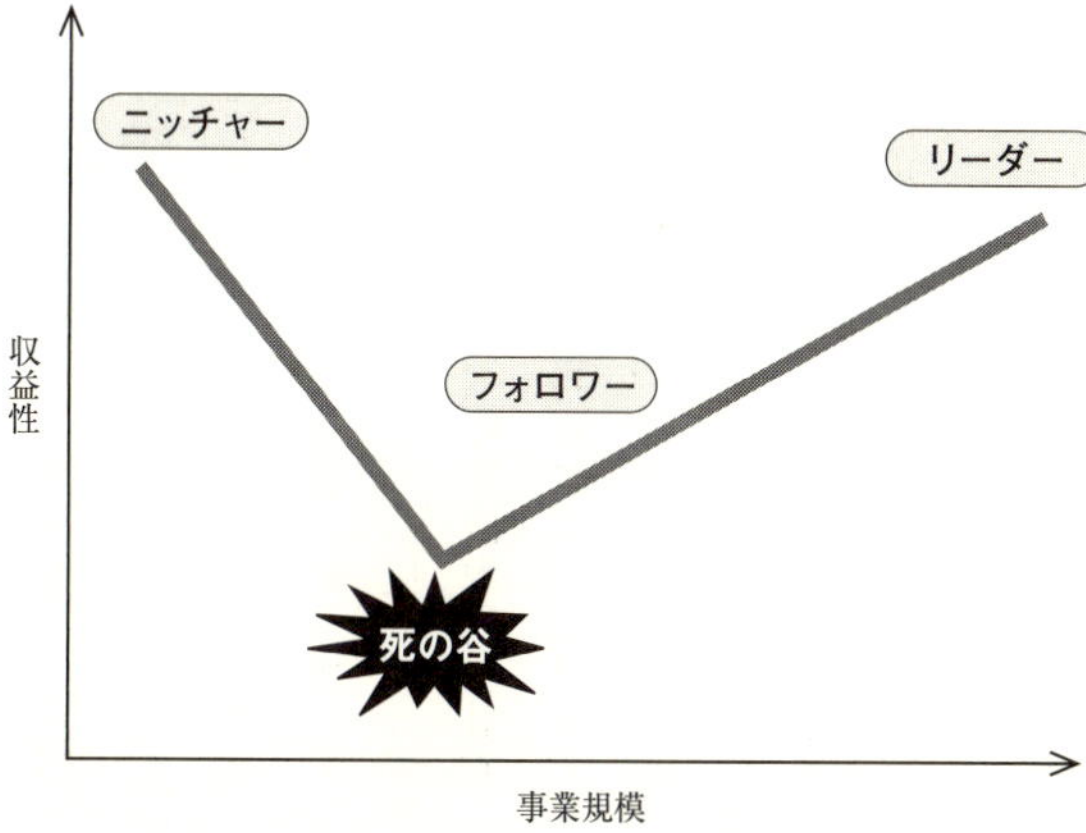

（出典）『企業経営入門』遠藤功著（日経文庫）

のスケールメリットを享受できるので、当然、高い収益を上げることができます。

その対極にあるのが「ニッチャー」企業。規模は小さいけれど、限られた分野において独自の強みを構築し、高収益を上げている企業です。

そして、最も中途半端な存在となりがちなのが、二番手、三番手のいわゆる「フォロワー」と呼ばれる企業群です。リーダー企業と伍して戦えるほどの規模や体力もなく、コスト優位性を創出することができません。かといって、ニッチャー企業のようにいずれかの分野に特化した強みが明確なわけでもありません。どっちつかずの極めて中途半端なポジショニングに陥ってしまいます。

こうした企業の多くは、「死の谷」と呼ばれる低収益に喘ぐことになってしまいます。もちろん、二番手、三番手であっても、明確な差別化が実現できれば、「死の谷」から脱却することは可能です。しかし、差別化を維持できなければ、また「死の谷」に落ち込んでしまうという構造的な問題を抱えています。

今、日本における数多くの業界で、「死の谷」に落ち込んでしまった企業群が新たなポジションを求めて、経営戦略の抜本的な見直しを行っています。差別化を実現して「死の谷」から脱却する、統合・再編によってリーダーのポジションを目指す、規模の追求は止め、特定分野に強みを持つニッチャーを目指すなど、その方向性はさまざまです。

「アドバンテージ・マトリクス」や「V字カーブ」は、それぞれの業界の構造を端的に示すものです。業界構造という「ゲームのルール」を理解することが、合理的な経営戦略を立案する第一歩なのです。

＊ケーススタディ2＊　日産ゴーン改革の戦略的意味合い

一九九九年三月に発表された日産とルノーの提携。日仏の巨大自動車メーカーの統合に驚いた方も多いでしょう。

このとき、日産はまさに「死の谷」に陥っていました。日本の自動車業界ではNo.2の座にあったとはいえ、国内販売シェアはトップのトヨタに大きく水をあけられた二位。七〇年代はいわゆる「二強時代」で、トヨタと肩を並べていたのに、差は広がる一方でした。またグローバルシェアも九一年の六・六％をピークに下降線をたどり、九八年には四・九％にまで落ち込んでいました。

その結果、二兆円を超える莫大な有利子負債を抱えて経営が行き詰まり、ルノーとの提携による生き残りを図るしか道はなかったのです。

もちろん、それまでにも自力での再建を目指し、何度か変革プランが策定・実行されましたが、どれも思うような成果を上げることはできませんでした。それらのプランは「死の谷」から脱するという構造的な問題を解決するための経営戦略となっておらず、

図表8　日産 VS.トヨタの国内シェア推移

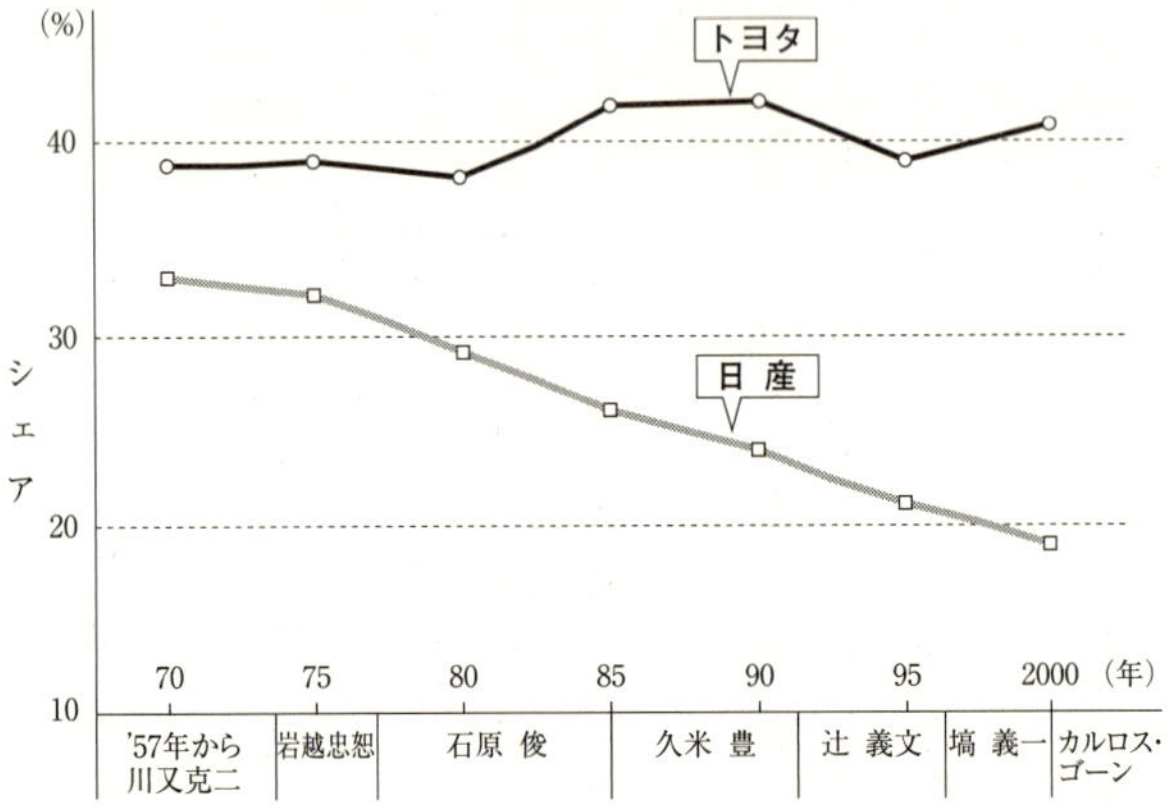

(出典)『日産自動車の失敗と再生』上杉治郎著(KKベストセラーズ)

過去の延長線上の延命策にすぎなかったのです。

ここまで長期的低迷に陥ると、もう〃対症療法〃は効きません。自力再生はムリと見切り、ルノーと手を組み、資本を注入してもらい、社長も経営のやり方も全部変えるという抜本的な改革に踏み切らざるをえなかったのです。

そして、改革の任を負って日産に乗り込んできたのが、かつてルノーの立て直しでも辣腕を振るったカルロス・ゴーン社長です。

ゴーン社長は就任後、数カ月をかけて日産の現場を歩き回り、現場の声に耳を傾けました。経営の実状を把握したゴーン社長が打ち出したのが、「日産リバイバルプラン（ＮＲＰ）」です。

トヨタから大きく引き離された二位にもかかわらず、やっていることはトヨタと同じフルライン戦略。多様な商品を抱えているにもかかわらず、どれも中途半端で、結果として「死の谷」に沈み込んでいました。その状況から脱するために、ゴーン氏はまず「生き残りをかけたリストラ」を断行しました。工場の閉鎖や系列の見直しなど、退路を断った取り組みが行われました。

また、「クロス・ファンクショナル・チーム（ＣＦＴ）」という部門横断型のチームを導入しました。機能別の縦割り意識が強く、横の連係が弱かった当時の日産では、部門横断型のコストダウンや課題解決がなかなか進展しませんでした。ＣＦＴの導入によって、機能横断型、部門横断型の取り組みが強化されたのです。

しかし、リストラやコストダウンだけでは、更なる発展は望めません。その後、ゴーン改革は二〇〇二年度からは利益ある成長への軸足移動を目指した「日産１８０」、二〇〇五年度からはさらなる発展と価値創造にフォーカスした「日産バリューアップ」へと進み、二〇〇八年度からは成長と信頼をキーワードにした五カ年計画「日産ＧＴ２０１２」へと進展しています。

その軸足となる戦略は二つです。一つは、徹底してルノーとの協業を行うこと。日産単独では規模的に中途半端ですが、ルノーと組めばトヨタ並みの大きなスケールメリットを享受できます。「部品などの共同購買」「商品開発、技術開発における協業」などのシナジーを追求することにより、経営効率を高めようとしているのです。

たとえば、日産・ルノー両社のシナジーの可能性を追求し、共同プロジェクトを企画・提案するクロス・カンパニー・チーム（CCT）を組織しています。現在、「二〇〇九年度のキャッシュフローに千八百億円のシナジー効果を創出する」ことを目標に、ルノーとの統合メリットを追求しています。

第二に、差別化戦略の推進です。その代表が電気自動車です。ハイブリッドカーでは完全に出遅れてしまい、「いまさらトヨタなど先行メーカーと戦っても勝てない」という判断もあり、電気自動車に注力しているのです。

二〇一〇年にアメリカで発売し、一二年には世界市場向けに量産を開始する予定です。電気自動車で早期に事業基盤を確立し、世界のトップシェアの確保を狙っています。

まだ道半ばながら、ゴーン氏が社長に就任してから六年連続で最高益を更新するなど、改革の成果は着実に出ています。「死の谷」という構造的な問題から脱し、独自のポジショニングを模索するゴーン改革の背後には、したたかで合理的な経営戦略が存在するのです。

講義3

グローバル競争と経営戦略

ビジネスの舞台が世界に広がるなかで、「グローバル競争を勝ち抜く」という経営課題がますます大きくなっています。企業活動を成熟市場である日本にだけ依存していたのでは、大きな成長を遂げることはできないからです。

また、グローバル競争の激化によって、「ゲームのルール」もダイナミックに変化していきます。グローバル競争の時代において、どのような経営戦略を打ち出していけばよいのか。講義3では「グローバル競争と経営戦略」について考えていきましょう。

なぜ新日鉄と住金は経営統合するのか

二〇一一年二月、「新日本製鉄と住友金属工業が合併で合意した」というニュースが報じられました。日本を代表する巨大鉄鋼メーカー同士による合併です。

この大企業同士の合併は、グローバル競争においてそのポジショニングが劣化しつつある日本企業の課題を浮き彫りにしています。

かつて、日本の鉄鋼メーカーの存在は世界でも群を抜いていました。高い技術力と高品質は、自動車メーカーをはじめとする多くの日本の産業を支えていました。まさに「鉄は国家

図表9　世界の鉄鋼生産量ランキング（2009年）

順位	会社名	生産量（万トン）
1	アルセロール・ミタル（ルクセンブルク）	7,320
2	河北鋼鉄集団（中国）	4,020
3	宝鋼集団（中国）	3,890
4	ポスコ（韓国）	3,110
5	武漢鋼鉄集団（中国）	3,030
6	鞍本鋼鉄集団（中国）	2,930
7	江蘇沙鋼集団（中国）	2,640
8	新日本製鐵	2,430
9	JFEスチール	2,350
10	タタ製鉄（インド）	2,190

（出典）日本経済新聞

なり」だったのです。

しかし、海外のライバル企業が巨大化し、力をつけていくなかで、規模や効率性に劣る日本勢が単独で生き残ることが難しくなってきました。かつて新日鉄は世界一の鉄鋼メーカーでしたが、今や世界のトップ10の下位にすぎません。住友金属はシームレスパイプという競争力のある製品を持っていますが、鉄鋼メーカーとしての規模で言えば、世界のトップ20にも入っていません。

講義2で解説した「アドバンテージ・マトリクス」で言えば、鉄鋼という装置産業の特性は規模型事業の典型です。その基本戦略は「規模の追求」です。つまり、新日鉄・住金両社は「合併」という合理的な経営戦略によって、競争力を高める選択をしたわけです。

相次ぐ買収で世界最大手に上り詰めたアルセロール・ミタル（ルクセンブルク）や猛烈な勢いで新興国進出を進めるポスコ（韓国）、さらには世界最大の鉄鋼生産国となった中国勢。そうした世界のライバルと伍して戦うには、経営統合による規模の追求という経営戦略を選択せざるをえなかったのです。

この経営統合により、新会社は年間五千万トン近い粗鋼を生産し、自動車や家電向けの高級鋼から、建築・土木向けのH形鋼や鋼矢板までフルメニューを展開します。しかし、この経営統合だけでは不十分という指摘も一部にはあります。将来的には、ライバルであるポスコと統合するなどより大胆な経営戦略をとらなければ、アルセロール・ミタルや今後再編を加速させる中国勢とは戦えないという見方もあるのです。

神戸製鋼はなぜ再編に加わらないのか

しかし、ここでひとつ、疑問が湧きませんか？　新日鉄・住金両社と資本・業務提携の関係にある神戸製鋼が、なぜ今回の再編に加わらなかったのか、ということに。

そこには神戸製鋼なりの合理性があります。神戸製鋼の事業内容を見ると分かりますが、鉄鋼事業の比率が相対的に低いのです。二〇〇九年度の連結売上高に占める鉄鋼関連売上高比率は、新日鉄が約八〇％、住金が約九三％であるのに対して、神鋼は約四二％にすぎません。アルミや建設機械など、幅広い事業分野を展開しているのです。

しかも、鉄鋼以外の事業の多くは、「アドバンテージ・マトリクス」の特化型事業に属するものです。何か際立った特色を打ち出していけば、規模を追求せずともグローバルで勝ち残り、単独で存在感を示すことは十分に可能だと判断しているのです。

さらには、神戸製鋼の鉄鋼事業は自動車向けの高張力鋼版（ハイテン）やばねなど特殊な製品に特化しています。そして、建機のショベルやクレーンのアーム（腕）にこうしたハイテン材が使用されるなど、事業相互のシナジーも存在します。神戸製鋼は闇雲に規模を追求するという経営戦略ではなく、独自技術によって差別化可能な複数の事業を「複合経営」することによって、「極立つ」経営を目指しているのです。

このように、同じ鉄鋼メーカーであっても、その事業範囲や技術力によって、規模が持つ意味は必ずしも一様ではありません。新日鉄と住金にとって合併は合理的な選択ですが、神鋼にとっては単独で独自の優位性や事業間のシナジーを追求することが合理的だと判断しているのです。

重要なのは、自社が営む事業の特性を客観的に把握した上で、どのようなポジショニングをとりうるのかを見極めることです。そのためには、「アドバンテージ・マトリクス」を常に念頭に置いて、事業特性、すなわち「ゲームのルール」を考えることが大切なのです。

事業特性は変化する

一般的に、事業はそのライフステージによって、事業の特性を変化させていきます。経営戦略を立案する際には、この変化に着目することが大切です。

事業の勃興期には、数多くの小さな会社が誕生します。「アドバンテージ・マトリクス」の「分散型事業」に位置づけられます。

やがて、何か独自の強みを持って成長し、その乱立状態から脱け出す企業が現れます。企業の規模も大小さまざまになります。この時点で、「特化型事業」に変化するわけです。

そこから、次第に規模の優位性が重要性を増すようになり、「規模型事業」へと変化していきます。ここに至ると、スケールの大小が競争上の最大の要素となります。

そして最終的には、市場が成熟していくにつれて、規模の大小にかかわらず収益が低迷するようになり、「手詰まり型事業」に行き着きます。

こうした変化のスピードは、事業によって異なります。ITのようにダイナミックな技術革新が起こりうる事業では、変化のスピードが非常に速い。急成長することがある反面、一気に衰退する、もしくは事業自体が消滅してしまう場合も少なくありません。

一方、自動車などは長い時間をかけて、徐々にその事業特性が変化しています。一時期、欧米では年間四百万台以上生産する自動車メーカーしか生き残れないという「四百万台クラブ」という考え方が広まりました。自動車という事業が「規模型事業」へと変質し、統合・再編によって集約化を進めるべきだという主張です。

実際、それによってダイムラー・クライスラーが誕生しましたが、この経営統合はうまくいかず、解消しました。確かに、自動車という事業においても、規模の効果のインパクトは否定できませんが、新技術などによって差別化が可能な「特化型事業」の色彩も色濃く残っているのです。

こうした変化する事業特性を捉え、ダイナミックな経営戦略を立案すると、成功確率が高まります。たとえば、勃興期である「分散型事業」にいち早く目をつけ、それを「規模型事業」へと一気に変えることによって、他社に先がけて新たな成功を手に入れることが可能です。

今でこそみなさんが当たり前のように利用しているコンビニやファミレスも、昔は存在しませんでした。コンビニの原型は町の雑貨屋さんや食料品店であり、ファミレスの原型は町のおそば屋さんやおすし屋さんなどの食堂。どちらも「分散型事業」だったのです。それらを標準化し、多店舗展開することによって、「規模型事業」へと変化させ、急速な成長を遂げたわけです。

QBハウスという「ヘアカット専門店」の全国チェーンも、同様の経営戦略によって成功を収めた事例と言えます。以前は町角の個人経営の床屋さんに通っていた人たちが、今では低価格、スピード、利便性を求めて、QBハウスの顧客になっています。一九九六年に第一号店をオープンして以降、規模を拡大し、二〇一〇年には国内四百八店舗、海外（シンガポール・香港）五十一店舗にまで発展しています。

「分散型事業」に目を付け、「規模型事業」へと変えるという経営戦略は、中国をはじめとする新興国において大きな可能性があります。日本のように成熟し、確立した市場と比べ、まだまだ「分散型事業」が多く、チャンスの宝庫と言えます。未成熟でありながら、成長性の高い新興国市場では、事業の特性を踏まえた上で、変化を先取りする経営戦略が有効なのです。

＊ケーススタディ3＊　NECがPC事業でレノボと合弁したワケ

国内PC市場で一七〜一八%とトップシェアを持つNECが、二〇一一年一月、中国最大のPCメーカー・レノボと合弁会社を設立することを発表しました。出資比率はレノボ五一%、NEC四九%、主導権をレノボに譲る資本構成です。

NECと言えば、一九八〇年代後半に「PC-98」で一世を風靡《ふうび》して以来、日本では常にPC分野のトップを走り続けてきたリーダー的存在です。そのNECがなぜ栄光のPC事業において、単独路線を捨てる決断をしなければならなかったのか。

その大きな理由は、国内シェアトップとはいえ、世界市場では十二位にすぎず、そのシェアはわずか〇・九%にすぎないことにあります。九五年に米パッカードベルを買収し、子会社化しましたが、米・アジア勢に価格競争で対抗できず、関係を解消。その後は自社ブランドでの海外事業継続を模索したものの、大きな成果は上がらず、二〇〇九年には海外事業からすべて撤退しました。

PC市場はすでに成熟期を迎えています。また、PCはCPUなどの基幹部品を調達して、組み立てるだけの単純な水平分業製品。コモディティ化が進み、価格が大幅に下落しています。スケールメリットを追求しなければ、グローバル戦争を勝ち抜くことは不可能な状況になっています。NECが「もはや単独では戦えない」と判断したのはそのためです。

では、なぜレノボだったのでしょうか？　一九八四年に北京で設立されたPCメーカー、レノボは低価格PCで力を伸ばし、二〇一〇年には世界四位に躍進した急成長企業です。二〇〇五年には米IBMのPC事業を買収するなど、旺盛な拡大意欲を見せています。

そんなレノボが持つ部材調達力は、NECにとって最大の魅力です。販売台数が十倍以上に上るレノボの調達網に乗ることで、NECはCPU、メモリ、HDDなど主要部材の調達コストを大幅に低減できます。合弁によって、価格競争を勝ち抜くコスト競争力を手に入れることが可能となります。

また、レノボの持つ技術力を活用できる、レノボの保守・サポート網を後ろ盾にもう一度海外で勝負できる、といったこともNECが合弁で得られるメリットです。

一方、レノボにとっての最大のメリットは、これまで八位に低迷している日本市場におけるシェアが、ＮＥＣとのグループ合計で約二五％となり、一躍首位に躍り出ることです。ＣＥＯの楊元慶氏は会見で「レノボはＮＥＣとの協業により、世界三大市場（日米中）のうち二つでトップに立つことになる」と誇らしげに語っていました。

このほか、ＮＥＣが持つ日本国内の営業サポート網や技術力を活用できる、部材調達の共通化でさらに価格競争力を強化できる、といったメリットが上げられます。

なかには「ＮＥＣは合弁ではなく、ＰＣ事業そのものを売却するべきだった」という指摘もあります。しかし、「Ｃ&Ｃ（Computer & Communications）」を旗印に成長を続けてきたＮＥＣとしては、ＰＣから撤退すれば独自のアイデンティティを失ってしまうことにもつながりかねません。「形はどうであれ、ＰＣ事業は残すべきだ」との声が強く、合弁に踏み切ったとも言われています。

奇しくも楊氏が「ＮＥＣとは互いに一目惚れだった」と語る今回の合弁劇。ＮＥＣ側はＰＣ事業が比較的安定している今のうちに、世界市場で高いシェアを持つレノボと組むことが、ＮＥＣブランドを守り、再度攻めるための最適な戦略として決断しました。それが正しかったかどうか、答えが出るのはこれからです。

講義4

「選択と集中」という考え方

経営戦略とは「極立つ」経営を目指して、「どの土俵で戦えば、自分たちは持続的な差別化が可能なのか」を自らに問いかけ、冷静かつ客観的に見極めることです。

講義4では、「どのように差別化を実現するのか」という問い掛けに答えるための鍵となる「選択と集中」という考え方について、お話ししていきましょう。

基本は「フォーカス」

経営者の最も重要な仕事のひとつが、「資源配分」です。人・モノ・金という経営資源を、どこにどれだけ配分するかを決めることです。その際には、事業や商品・サービス、地域などを戦略的に絞り込み、経営資源を集中的に投下することがポイントになります。

たとえば、一億円の資金があって、成長性が見込める魅力的な事業が十あるとします。そのとき、「十の事業に均等に一千万円ずつ配分する」というのは、あまり戦略的とは言えません。

そうではなくて、「一つの事業に八千万円、残り二千万円を一千万円ずつ二つの事業に投下する」といった具合に考えることによって、成功確率は高まり、強い事業を育てることが可能となります。

経営においては、経営資源を「傾斜配分」してこそ意味があります。限られた経営資源を「傾斜」させてこそ、独自の強みをつくることができるのです。

その際、どこに「傾斜」させるかという決定を、勘や経験則だけで決めるのは感心しません。経営はギャンブルではないのですから、「ここで勝負しよう」という方向性に基づいて理詰めの意思決定をすることが必要です。

逆に言えば、その方向性がなければ、経営資源の傾斜配分を行うことはできない、ということです。そして、その方向性こそが経営戦略です。理詰めの判断に裏打ちされた、合理的な経営の方向性こそが経営戦略であると言うことができます。

経営資源は有限ですから、その中で持続的な差別化を実現するためには、あれもこれもと手を出すのではなく、どこかに集中して経営資源を傾斜配分する。そして、差別化に結びつく〝臨界点〟に達するまでは、脇目もふらずに選択した事業に「フォーカス」し、全社一丸となって取り組んでいくことが肝要です。それを「選択と集中」と呼びます。

「選択と集中」とは「捨てる」こと

「選択」するものを明らかにするのが経営戦略です。そして、その選択した事業、分野に経営資源を傾斜配分させ、「集中」することによって独自の価値、差別化を生み出すことが経営です。

「選択と集中」を言い換えると、「自分たちがやらないことを決める」ことです。つまり、「捨てる」という意思決定です。

この「捨てる」ということが、実は容易ではないのです。みなさんも日常生活において「捨てる」ことの難しさを実感しているのではありませんか?

たとえば「いつか役に立つだろう」「苦労してつくった資料だから、捨てるに忍びない」などと考え、捨てることができずにいると、資料をどんどん溜め込み、結果的にただのゴミの山と化してしまう。そんなことがよくあります。

経営においても、「今はダメでも、そのうち儲かる事業に成長するのではないか」「うちにとっては不得手な分野だけれど、そこそこ儲かっているうちは手放すこともなかろう」といった判断によって、なかなか「捨てる決断」ができないのです。

実際、日本企業の多くは「選択と集中」を実践しようと事業再編を進めていますが、「捨てる」という決断が中途半端になりがちです。当面収益が上がっている事業や思い入れのある事業だと、思い切った撤退・売却などを逡巡《しゅんじゅん》する傾向があります。

そうした迷いを断つために重要なのは、「身の丈」を知ることです。

「身の丈」を知る視点は二つ。一つは、「どれだけの人・モノ・金があるのか」という経営資源の量を知ること。そして、もう一つは、自分たちの得手・不得手を見つめ直し、その事業が自分たちの風土や組織能力に合致しているかどうかを認識することです。

たとえば、花王は一時期、「これからの成長産業はＩＴだ」と考え、フロッピーディスクなどの情報関連事業を手がけていました。一九八六年にフロッピーディスクの製造・販売を開始し、ＣＤ‐ＲＯＭやインクリボンなどのＯＡ関連商品を拡大させていったのです。

本業である日用雑貨品とはまったくの〝畑違い〟ですが、さすが花王と言うべきか、フロッピーディスクで市場シェア№１の地位を築くなど、一千億円を稼ぎ出す事業へと成長させました。ところが、一九九八年に情報関連事業からの撤退を決断しました。

花王はなぜ一千億円にまで育った成長分野の事業を「捨てる」決断をしたのでしょうか？

花王は「自分たちの事業は将来どうあるべきか」という将来像を見つめ直し、「ITのような変化の波の激しい事業は、花王という会社には合わない」と判断したのです。

花王はシャンプーや洗剤などの日用雑貨品の分野で、地道な商品改良やコストダウンを継続し、今の地位を築いた会社です。あまりにも変化の波が大きく、地道な改良や改善が活きる余地の小さいIT分野は、「花王の社風には合わない」と考えたのです。

アジアの新興国市場など、本業である日用雑貨品でも十分に成長が可能であり、そこに経営資源を集中させたほうがよいと、〝勇気ある撤退〟を決断したのでした。もし花王がこのとき情報関連事業を切り捨てていなかったら、あるいはこの事業が経営の大きな〝お荷物〟になっていたかもしれません。

講義1のケーススタディでご紹介したコマツも、建設機械という本業へ回帰する一方で、シリコンウェハーなどの非建機事業を切り離す決断をしています。「捨てる」ことは、経営の「覚悟」を示しているとも言えます。

あれもこれもと欲張るのではなく、「身の丈」に合わないと判断したら、中途半端に抱えずに思い切って捨てる。そうした決断は容易ではありませんが、そのことによって「これに賭ける」という事業が明らかになり、退路を断った取り組みが生まれ、真の優位性が構築できるのです。

無節操な「総合」は戦略ではない

総合電機メーカー、総合商社、総合化学メーカー、総合食品メーカー……「総合」という名を冠した企業が、かつては百花繚乱《ひゃっかりょうらん》のごとしでした。でも、今では多くの企業が「総合」という〃看板〃を降ろしています。なぜでしょう?

それは、市場性・成長性があるからと次々と新事業に手を出し、結果として「総合」になってしまっただけだからです。「総合力」という言葉があるように、「総合」自体を否定するわけではありません。しかし、何の脈絡もなく、無節操に広がってしまった「総合」では、強い事業の構築に結びつきません。

無節操な「総合」は「戦略不在の経営」を意味しています。そうした戦略なき〃総合企業〃は、たいていの場合、無秩序に広がった「土俵」をコントロールし切れずに、やがて破綻する運命を辿るものです。

その典型例は、かつての日立・東芝・三菱電機の総合電機メーカー。「他社がやっているから、ウチもやる」「技術力があるから、ウチもやれる」などと考え、同質的な経営戦略を展開し、際立った特色のない経営に陥り、業績的にも低迷していました。

しかし、いまでは各社が独自の経営戦略を打ち出し、異質の存在を目指しています。日立は「社会インフラ」事業を前面に押し出し、東芝は原子力や半導体を柱に据えています。そして、三菱電機はＦＡ（ファクトリーオートメーション＝工場の自動化機器）などの比較的地味な事業にフォーカスし、高い収益を上げています。無節操な「総合」がもたらした経営の行き詰まりから脱し、独自性の高い「際立つ」経営を目指しているのです。

＊ケーススタディ4＊　「総花戦略」と決別した三菱電機

ほとんどの大手電機メーカーが赤字転落するなか、リーマンショック後も黒字を維持し、強い経営基盤を顕示した三菱電機。しかし、かつては日立や東芝に追随する「三番手の総合電機メーカー」というイメージで捉えられていました。

競合二社より規模や体力が劣るにもかかわらず、半導体メモリーのＤＲＡＭやシステムＬＳＩ、携帯電話など、成長性は高いものの、大きなリスクを伴う事業群に経営資源を集中的に投入していました。「これでは『総花経営』だ」と外部から批判されるほど、「戦う土俵」が無節操に広がっていました。

転機が訪れたのは二〇〇二年三月期、ＩＴバブル崩壊の直撃を受けて、半導体事業と携帯電話事業が未曽有の赤字に転落しました。そんな苦境のなかで社長に就任した野間口有《たもつ》氏は、事業の「選択と集中」を次々と進めていきました。

そのときのキーワードは、「強いものをより強く」。さらに言葉を続けるなら、「歴史的使命が終わりつつあるものの、自分たちが得意としないものは整理しよう」ということ

図表10　三菱電機の主な事業再編

時期	内容
1999年	パソコン生産からの撤退
2002年	欧州での携帯電話事業からの撤退
2003年	電力系統・変電事業を東芝との共同出資会社に移管
	半導体のDRAM事業をエルピーダメモリに売却
	半導体のシステムLSI事業を切り離し、日立製作所と共同出資でルネサステクノロジを設立
	乾電池の生産から撤退
2004年	米国におけるブラウン管の生産から撤退
2005年	電力系統・変電事業の東芝との統合を解消
2006年	中国における携帯電話の開発・販売からの撤退

(出典)『日経ビジネス』2007年11月26日号　P56から転載

です。

私自身、三菱電機で働いていたころ、「ウチは重電が起源の会社であり、迅速な意思決定ができるような会社ではない。生き馬の目を抜くような、変化の激しい事業は、たとえ技術があっても、やるべきではない」と若輩ながら思っていました。

野間口氏は別表のように、次々と事業の選別を進めていきました。拡大一辺倒で注力してきた欧州における携帯電話事業から撤退したことを皮切りに、ＤＲＡＭ事業の売却、システムＬＳＩ事業の切り離しなど、「捨てる」を断行したのです。

一方、「強いものをより強く」の方針の下で注力したのは、ＦＡやエレベーター、自動車部品などの「強い市場競争力があるにもかかわらず、〝スター選手〟扱いしていなかった」地味な事業です。これらの事業は比較的競争相手が少ないことに加えて、海外で成長する余地が大きい。そこにチャンスを見出したのです。

こうした「選択と集中」の実践において、野間口氏の判断が評価されるのは、「儲からないから切る」というような短絡的な事業撤退はしなかったことです。

たとえば、半導体事業は大幅に縮小しましたが、パワー半導体だけは当時不採算部門であったにもかかわらず「残す」決断をしました。FAや電力関連の製品に組み込まれるパワー半導体は差別化の鍵を握ると判断し、逆に東芝からパワー半導体事業の一部を買収するなど、強化を進めたのです。

このとき野間口氏の念頭にあったのは、「シナジー効果」です。パワー半導体事業はエアコンやエレベーター、新幹線のプロパルジョン（推進装置）、鉄鋼プラントの回転機の制御など、他の事業の基幹部品として使われ、大きなシナジー効果を生み出します。その結果、パワー半導体は今や大きな〝稼ぎ頭〟へと成長しています。

こうして戦略的な「選択と集中」を推進し、「総花経営」と訣別した三菱電機は、翌二〇〇三年から営業利益率が継続的に改善され、二〇〇八年三月期決算では約六・六％

と日本の電機メーカーとしては高い収益性を確保したのです。

社長が野間口氏から下村節宏氏を経て、山西健一郎氏へとバトンタッチされた今も、三菱電機は「市場の変化に対応するべく、選択と集中を進めていく」方針を貫いていきます。派手な事業分野ではないだけに、三菱電機の経営はときに「おもしろくないけど負けない戦略」と言われます。しかし、勝てる事業を優先的に育て、確かな算盤《そろばん》をはじくことこそが、三菱電機の「身の丈」に合った経営戦略なのです。

周囲の評価や世の中の流行に振り回されることなく、自分自身の強みや弱みを直視する。それが理に適った経営戦略に結びつくのです。

講義5

戦略代替案の考え方

「経営戦略には、三つの代替案しかない」

ハーバード・ビジネススクールのマイケル・ポーター教授は、こう言い切っています。「三つの代替案」とは、「コスト・リーダーシップ戦略」「差別化戦略」「集中戦略」の三つです。

経営において大事なことは、これらの代替案のどれを経営の柱とするかを明確にすること。それが不明確なために、優位性を構築できず、業績が低迷している企業は少なくありません。

講義5では、ポーターの言う三つの代替案について説明しましょう。

三つの戦略代替案

三つの戦略代替案は二つの軸で考えます。一つは「戦略ターゲットの幅」。狙うべきターゲットが広い、狭いを意味しています。もう一つは低コストか差別化かで分かれる「競争優位のタイプ」です。この二軸によって、経営戦略の三つの方向性が浮かび上がってきます。

一つ目の方向性は「コスト・リーダーシップ戦略」。これは広い顧客層や分野をターゲットに、コスト優位を構築することを目指す経営戦略です。「コストチャンピオン」を狙う経

図表11　ポーターの３つの基本戦略

（出典）『企業経営入門』遠藤功著（日経文庫）

営戦略と言うことができます。

似たような機能や品質の製品・サービスが多数存在する場合は、相対的な低コストを実現することが、優位性を構築する大きなポイントになります。規模を追求して、より大きなスケールメリットを得るなど、徹底したコストダウンを追求することが大切です。

二つ目の方向性は「差別化戦略」です。これは「コスト・リーダーシップ戦略」同様に広い顧客層や分野をターゲットとしますが、コストではなく差別化されたユニークな製品・サービスの提供により、優位性構築を狙います。「差別化チャンピオン」を目指す経営戦略です。

同じ価格であるなら、「うちの製品のほう

が断然品質が高い」とか「どこにもない機能を備えている」「デザイン性の高さで群を抜く」というように、差別化で勝負する経営戦略です。競争相手が簡単にはマネのできない差別性の高い価値であると同時に、差別化された製品・サービスを次から次へと生み出すことのできる高い組織能力が求められます。

これら二つの経営戦略はいずれも、ターゲット顧客や分野を広くとるため、それなりに潤沢な経営資源が必要となります。人・モノ・金が潤沢にある企業しかとりえない経営戦略です。

しかし、企業の多くは経営資源が限られています。その場合は、ターゲットとする顧客層や分野を絞り込み、コスト優位か差別化か、もしくはその両方で優位性を構築する必要があります。これを「集中戦略」と呼びます。

特定の製品やサービス、特定の顧客層、特定の地域など、限定した領域に経営資源を集中させて、独自の価値を生み出そうとするもので、「フォーカスチャンピオン」を目指す経営戦略と言うことができます。

どこに集中させるかという選択肢は、さまざまです。自社の強みや経営資源の質と量を勘案して、「戦う土俵」を絞り込むのです。

たとえば小学生に人気のアイス「ガリガリ君」で有名な赤城乳業は、アイスクリームに特化した専業メーカーです。他のアイスクリームメーカーの多くが幅広い食品分野を手がけるなかで、赤城乳業はアイスクリームに「集中」し、独自の存在感を示しています。

「ポジショニング」を定める

誤解のないように言い添えておくと、「コストチャンピオン」を目指す企業に差別化はいらないとか、「差別化チャンピオン」を狙う企業はコストは考えなくていい、ということではありません。すべての企業にとって、コストも差別化も大事であり、「どちらかを捨てろ」という話ではありません。

要は、何を「主軸」にして優位性を構築するのか、その軸足を明確にすることが重要なのです。ポーターも「これら三つの基本戦略のうち、一つも確立できない企業は窮地に陥る」と主張しています。

「コストも大切、差別化も大切」、「広い顧客層を狙いたい、特定のセグメントも狙いたい」などと欲張っていたのでは、競争に打ち勝つべき基軸を見失ってしまいます。その結果、

「コストもそこそこ、差別化もそこそこ、そしてどの顧客層でもそこそこ」というように、どれも中途半端な存在になりがちです。それでは経営の目的である「極立つ」存在にはなりえません。

この三つの代替案のうち、どれを「主軸」として選択するかは、競争の舞台となる市場において、自分たちがどのような「ポジショニング」をとるのかを決めることを意味します。目指すべき「ポジショニング」が明確になって初めて、顧客から認められ、厳しい競争に打ち勝つ存在となることができるのです。

＊ケーススタディ5＊　自動車業界各社の「ポジショニング」

日本市場における自動車業界各社の「ポジショニング」を見ると、三つの戦略代替案の持つ意味合いを理解することができます。

「コスト・リーダーシップ戦略」をとっているのは、トヨタ自動車です。トヨタは新しい技術の追求や他社との差別化を図る商品開発を積極的に行っていますが、これまでの同社の経営戦略の根幹にあったのは、徹底した規模の追求による「コスト・リーダーシップ戦略」です。フルラインアップの商品を揃え、品質が高く、値頃感・お買い得感のある自動車を提供することが、トヨタの中核的な価値なのです。

それを実現するために、ボリュームゾーンをターゲットに販売量・生産量を増やし、スケールメリットを追求してきました。さらに、現場での絶え間ない改善によってコストダウンを実現してきたのです。

リーダーであるトヨタに対して、ホンダは「差別化戦略」を柱としています。

ホンダは国内市場ではトヨタに次ぐ二番手です。とはいえ、生産台数ではトヨタの半分以下と、規模の面では大きな差があります。もちろん、ホンダにおいてもコストダウンは重要なテーマではありますが、トヨタとまともにコストで勝負するのは決して得策ではありません。そこでホンダは、「トヨタにはマネのできない、差別化されたユニークな商品」をつくり続けることに活路を見出してきました。「ホンダらしい」差別化された商品を開発することこそが、ホンダの生命線なのです。

この二社と比べ、他の自動車会社は経営資源が限られていますから、「集中戦略」を指向しています。たとえばスズキは、軽自動車に特化すると同時に、他の会社がこれまであまり注目してこなかったインドやハンガリーなどを中心に海外展開を進めてきました。また、ダイハツは軽自動車、富士重工業（スバル）はＳＵＶなどに特化し、独自のポジショニングを追求しています。

講義でも触れたように、集中戦略には多様な選択肢がありえます。どのセグメントに特化するかは、まさにそれぞれの企業の強みや経営資源の質に基づいた合理的な経営戦略によって決まるのです。

その一方で、ルノーの傘下に入る前の日産や一時期ダイムラー・クライスラー（現ダイムラー）の傘下に入った三菱自動車などは、そのポジショニングが明確ではありませんでした。フルラインを指向し、いつの間にか「戦う土俵」が広がってしまい、たまにユニークなヒット商品（日産のスカイラインや三菱のパジェロなど）が生まれても、「単発」で終わってしまい、どこかに特化することもできませんでした。

経営資源が限られているにもかかわらず、「戦う土俵」が「身の丈」を越えてしまい、独自の優位性構築に結びつかなかったのです。まさに「経営戦略の不在」によって、苦境に立たされたと言えます。

講義6

リーダーの戦略

「三つの戦略代替案」の大枠を理解したところで、これからの三回の講義では三つの経営戦略の考え方について、突っ込んで見ていきましょう。具体的には、リーダー、チャレンジャー、ニッチャーというポジショニングの違いによる経営戦略のあり方を考えていきます。

まず講義6では、リーダーの経営戦略とは何かを考えましょう。リーダーの戦略を理解することは、むしろチャレンジャー、ニッチャーが自らの経営戦略を立案する上で役立ちます。経営資源の質、量、組織力に勝るリーダーがどのような戦い方をするかを理解することによって、相対的に劣位にある自分たちの戦い方が見えてくるのです。

広い市場で圧倒的な存在感を示す

「リーダー」とは、「マス市場における圧倒的な存在感、絶対的な力、総合力を有する企業」と定義することができます。つまり、幅広い顧客層や分野を対象に、フルラインの幅広い価値提供を実現し、その市場で圧倒的なポジショニングを目指す。これが「リーダーの戦略」です。

具体的には、圧倒的なスケールメリットによる「コスト優位」、常に業界の先端をいく

図表12　クープマンの目標値

73.9%	事実上の独占
41.7%	相対的安定値（強者）
26.1%	下限目標：弱者と強者を分ける分岐点
19.3%	弱者の中の強者
10.9%	足がかり：弱者を分ける数字
6.8%	弱者の中の弱者：撤退を考える数字
2.8%	撤退

「差別化優位」、もしくはその両方を実現し、確固たる地位を目指すことになります。

そうしたリーダーになるためには、製品の開発力や供給力だけではなく、流通や販売を支配する力も必要になってきます。その結果、誰もが業界№１と認めるブランド力をつくり上げるのです。国内で見れば、自動車業界におけるトヨタ、電機業界におけるパナソニック、日用雑貨品業界における花王などがその代表例と言えるでしょう。

では、どのくらいのシェアを獲得すれば、リーダーと呼ぶに値するか。その際、参考になるのが「クープマンの目標値」です。これは米国コロンビア大学の数学者ベルナード・クープマンが、グローバルベースの調査・分析で導き出した統計値です。それによると、「四一・七％以上のシェアを取ればその市場における強者となり、安定した地位を確保できる」とされています。絶対的な強者となるには、「シェア四〇％」がひとつの目安と言えます。

四割のシェアを獲得するというのは、かなり高いハードルです。逆に言えば、それをクリアーできた企業こそ、真のリーダーと呼ぶに値するのです。

スケール・カーブ、エクスペリエンス・カーブ

リーダーのひとつの条件であるコスト優位を実現しようとするとき、二つの経済性分析に着目することが大切です。

一つ目は、「規模の効果」を表すスケール・カーブです。

企業のコストは大きく分けて、固定費と変動費の二種類があります。固定費は規模が大きくなればなるほど、単位コストは下がる傾向があります。総体としてのコストは同じでも、頭割りする母数が多ければ、単位当たりのコストは低下する、という理屈です。また変動費についても、規模が大きければ、たとえば原材料の仕入れを大量に〝まとめ買い〟するなど

図表13　スケール・カーブ

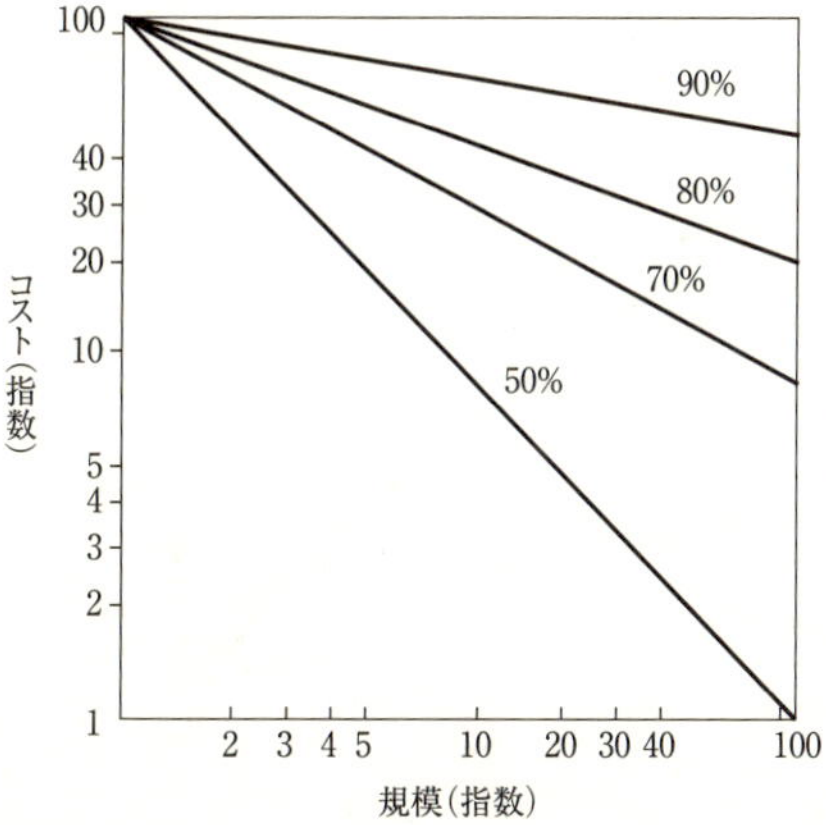

＊図は両対数で示してある

＊90%とは規模が2倍になるとコストが10%低下することを、50%とは完全に固定疏ストであることを意味する

（出典）『MBA経営戦略』グロービスマネジメントインスティテュート編（ダイヤモンド社）

して、コストを下げることができます。

このように、規模が大きくなることによって得られるコスト効率の向上を「規模の効果」と呼びます。

「規模の効果」がどの程度働くかは、事業や商品によって異なります。また、コストの費目、たとえば製造コスト、研究開発コスト、広告・宣伝コストなどによっても、スケールの効果は異なります。事業・商品の要素コストごとに定量的にコストカーブを分析し、どの程度の規模を追求すればコストメリットが得られるのかを把握することがポイントになります。

二つ目は、事業活動の経験量とコストとの関係を明らかにする「経験曲線」、すなわち

図表14　電卓のエクスペリエンス・カーブ

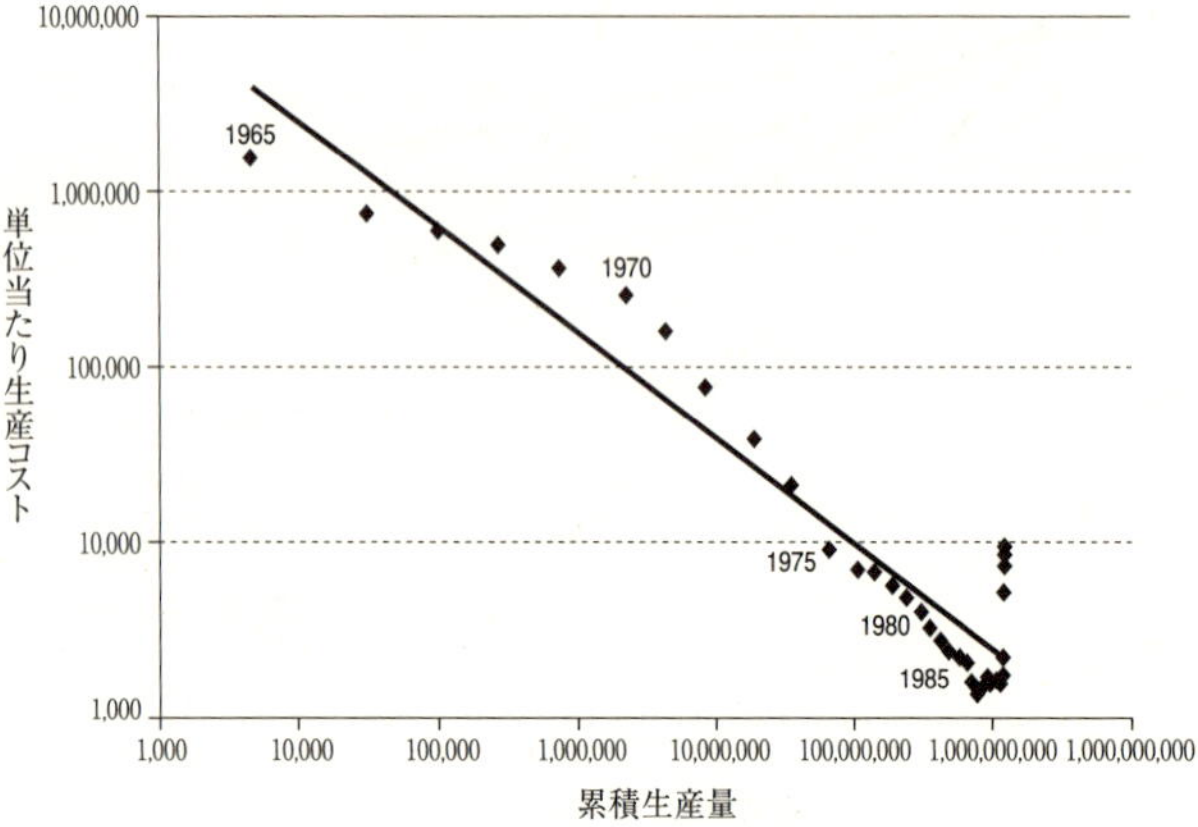

（出典）『経営戦略入門』網倉久永／新宅純二郎（日本経済新聞出版社）

エクスペリエンス・カーブです。

　スケール・カーブがモノを対象にしたコストダウンであるのに対して、こちらは「人の学習効果」に着目し、「学習曲線」（ラーニングカーブ）とも呼ばれています。第二次世界大戦中に、航空機の組み立てにおいて、作業者が習熟するにつれて生産性がどう上がっていくかを分析したものが最初だと言われています。

　数多くつくればつくるほど、学習効果によって生産性が向上し、コストが下がっていくことが分かっています。これは製造業に限らずサービス業においても、人の生産性を測る考え方として有効です。

　コストにはこうした二つの特性があること

を認識し、自社が生み出す製品やサービスのコスト特性を把握した上で、相対的コスト優位を実現することが、リーダーの戦略の大きな柱となるのです。

こうしたコストの経済性が分かっていると、戦略的な価格付けが可能になります。発売時に将来的な「規模の効果」や「経験曲線」を想定した値づけをすることによって、市場形成期においてシェアを確保することを目指すのです。たとえば、「十個の規模では一個当たり一万円のコストがかかるけれど、千個までボリュームが増えればコストは千円にまで下がる」といった経済性が判明すれば、将来的なコストダウンを見越して、「千五百円で売る」という価格戦略が成り立ちます。

発売当初はコストに見合わない価格なので赤字になりますが、低価格によって市場が拡大し、高いシェアを獲得することによって、やがて大きな利益を生むことが可能となります。コスト特性が分かることによって、戦略的な価格政策が可能となるのです。

販売・流通を押さえる力

リーダーとなるためには、コスト優位、差別化優位という供給サイドの強みだけでなく、販売力、流通支配力という需要サイドの強みを構築することも重要な要素となります。言い換えれば、「市場を押さえる力」ということができます。

たとえば、全国的な店舗網による顧客にとっての利便性の確保、圧倒的な量の広告・宣伝によるブランド認知、きめ細かなサービスを通じた顧客の囲い込みなど、顧客に近いところでグリップを握り、市場を支配しようとするのです。トヨタは国内において五チャネルを展開し、圧倒的な販売網で他社を凌駕《りょうが》しています。

リーダーにとって店舗網は単なる販売拠点ではありません。一等地における旗艦店、全国津々浦々に張り巡らせた店舗網は、会社の〝広告塔〟でもあり、それによってリーダーとしての認知が高まります。リーダーは供給サイドと需要サイドの両面で圧倒的な力を誇示し、総合力で絶対的なポジションを確保しようとする経営戦略なのです。

リーダーの強み

総合力で勝負するリーダー企業は、次の四つの強みの構築を目指します。

①コスト・リーダーシップ
②プライス・リーダーシップ
③情報リーダーシップ
④人材リーダーシップ

コストとプライス（価格）については既に述べましたが、見逃がされがちなのが、情報における優位性です。すなわち、質の高い重要な情報をどこよりも早く、かつ数多く入手できることを意味します。

リーダー企業は数多くの顧客を有しています。なかでも、トップクラスの顧客を持っているので、業界における最先端の情報に接することが可能となります。それらの情報を次の製品・サービスにいち早く活かすことができるのです。つまり、鮮度の高い情報によって、リーダーは持続的な優位性の構築につなげることができるのです。

さらに、人材の獲得という面でも、リーダーは優位な立場にいます。トップクラスの優秀な人材を確保できるので、その基盤はより盤石なものとなります。

これら四つの強みを総合的に活かした経営戦略を実行することによって、強い会社は圧倒的なポジショニングを確立しようとします。したがって、リーダー以外の企業はリーダーの戦略や動きを理解した上で、まったく異なる戦い方を模索しなければならないのです。

＊ケーススタディ6＊　トヨタの「グローバルビジョン」

ダイハツ、日野を含むトヨタグループは、日本国内で四〇%以上のシェアを有する圧倒的なリーダー企業です。商品開発力、生産力、そして販売力というトータルの力で競合他社を凌駕し、絶対的な存在として君臨しています。

しかし、成長という観点から見れば、国内市場は既に飽和状態。大きな伸びが期待できないどころか、販売台数の減少が続いています。

そこで、トヨタは海外に成長を求めるべく、大きく舵《かじ》を切りました。そこで打ち出されたのが、二〇〇〇年に発表された「グローバルビジョン」です。

その中で張富士夫社長（当時）は、「二〇一〇年代の初めに一五%の世界シェア獲得を目指す」と宣言しました。これはとりもなおさず「GMを抜いて、世界一になる」ことを意味しています。このとき、「グローバル15（フィフティーン）」を掲げたトヨタの新たな挑戦が始まりました。

その事業ビジョンには、二つの軸が据えられています。

一つは「地域軸」です。「ホームグラウンドである日本では、これまで以上の圧倒的なシェアを目指す」「経営基盤の最重要地域である北米では、当面の目標二百万台を上回る販売を達成して安定的な収益を確保する」「東欧を含む欧州では、欧州メーカーに匹敵するプレゼンスを確立して北米・日本に続く第三の収益基盤へと飛躍させ、販売レベルは二〇〇〇年の倍増を視野に入れていく」といったビジョンが打ち出されました。

もう一つは「機能軸ビジョン」です。たとえば、研究開発部門では、「先進技術と市場創造型商品で世界を牽引し、技術創造立国日本のスーパープレイヤーを目指す」としています。

また調達・生産・物流に関しては、「需要変動に対応した柔軟な生産・物流体制の構築と、製造・調達コストで世界No.1の競争力を獲得」することを掲げています。販売については、これまで以上に「ユーザーフレンドリーな販売網を展開し、お客様の立場に立って最適な販売の仕組みをつくり上げる」ことが目標とされました。

さらに、「マネジメント」のビジョンで重点的な取り組みのひとつに据えられているのが、「トヨタウェイの進化・継承」です。

「トヨタウェイ」とは、トヨタならではの価値観、行動原則を整理・集約したもので、二〇〇一年にとりまとめられました。「トヨタウェイ」は「知恵と改善」「人間性尊重」の二つの柱で成り立っており、「改善」や「現地現物」「チームワーク」など、次世代に継承していくべきトヨタならではの考え方がまとめられています。

海外へと大きく舵を切り、積極的な拡大策を展開したトヨタは、当初の計画よりも早く、二〇〇九年には世界一の座に輝きました。全社一丸となった取り組みで、「グローバルビジョン」という経営戦略が早期達成されたのです。

その一方で、当初の達成目標時期が大幅に前倒しされるという、あまりにも急激な成長は、品質問題の発生という歪《ひず》みをもたらしてしまいました。あまりにも急スピードの成長が、品質というトヨタが生み出す価値の根幹の部分に、大きな悪影響を及ぼしてしまったのです。

しかし、だからといって「グローバルビジョン」の価値そのものが否定されるわけではありません。「世界に打って出る」、「世界でトップを狙う」というリーダーの戦略を打ち出したからこそ、トヨタは世界一の自動車メーカーになることができたのです。

講義7

チャレンジャーの戦略

すでに確固たるリーダーが存在するなかで、リーダーに果敢に勝負を挑み、新たなリーダーを目指すのが「チャレンジャーの戦略」です。

一言で言うなら、「挑む」戦略。規模や経営資源の量で勝《まさ》るリーダーが相手である以上、その戦い方はリーダー以上に戦略的であることが求められます。リーダーと同じことをやっていては、勝てる見込みはありません。

講義7では、チャレンジャーとして成功するための経営戦略について、一緒に考えていきましょう。

フォロワーは戦略ではない

チャレンジャーはリーダーの背中を見て走ることになりますが、だからといって闇雲にリーダーの後追いをするのは無策と言わざるをえません。単なるリーダーの後追いは、フォロワーにすぎません。

市場が成長しているときは、後追いのフォロワーでも「おこぼれ」を得ることができますが、やがて市場の成長が鈍化すれば、一番最初に脱落するのはフォロワーです。差別性がなく、リーダーの後追いをしているだけのフォロワーは、戦略とは呼べません。

リーダーがその業界における「定番」をつくり上げた企業だとすると、チャレンジャーは「新たな定番」を生み出そうとする気概をもった会社だと言うことができます。「新たな定番」が登場することによって、市場は活性化し、市場自体が伸びることにつながります。フォロワーは「定番の二番煎じ」をつくる会社にすぎません。

業界が持続的に発展・成長するためには、「健全な二番手」が必要だと言われます。自動車業界におけるトヨタとホンダの関係が好事例として上げられるでしょう。リーダーに「挑む」チャレンジャーが存在してこそ、リーダーも発奮し、お互いの切磋琢磨によって、業界の成長がもたらされるのです。

チャレンジャーとは、フォロワーに成り下がることなく、独自の価値の創造に挑戦する勇気ある企業のことなのです。

イノベーションと一点突破

チャレンジャーとして成功するためには、イノベーション、つまり革新的な価値の創造が不可欠です。お客さまから「これは新しいね」「今までにはないユニークなものだね」と認められるだけの価値がなければ、リーダーと対等に戦う存在にはなりえません。

革新的価値を市場に訴求する際に大切なのが、「一点突破」です。経営資源の質・量ともに劣るチャレンジャーが、たとえイノベーションとなりえる革新的価値の〝芽〟を生み出しても、そこに集中的に資源投入しなければ、育てることは不可能です。

「これで勝負する」という価値が定まったなら、脇目も振らずに勝負を挑むことが不可欠です。「腰が引けた」戦い方では、リーダーを脅かすことはできません。価値が見出せたら、そこに一点突破的に資源を集中して伸ばしていくことが大切です。

また、チャレンジャーにとってひとつの大きな武器となりえるのは、スピードです。リーダーはとかく組織の肥大化とともに、動きが鈍重になりがちです。「大企業病」的な症状も表れてきます。スピーディな一点突破は、チャレンジャーの大きな武器となりえます。

つまり、チャレンジャーはリーダーの弱点や盲点をつくことが肝要です。従来の「定番」とはまったく異なる差別化された価値を創造し、一点突破的にスピーディに攻める。それこそがチャレンジャーの戦略の要諦《ようてい》と言えます。

常にチャレンジャーであり続ける

イノベーション（革新的価値の創造）とスピーディな一点突破によって、チャレンジャーとしての成功を収めても、「やったー」と喜んでばかりはいられません。本当の勝負は、そこからです。チャレンジャーは実は、リーダーになってからがより難しいのです。

なぜなら、それまでトップの座で安穏《あんのん》としていたリーダーが目を覚まし、逆にチャレンジャーの気概を持って襲いかかってくるからです。〝眠れる獅子〟の尻尾《しっぽ》を踏んでしまったようなもので、リーダーは本気で新たな勝負を挑んできます。

一方、チャレンジャー自身もリーダーの座を勝ち取ったことで、慢心してしまう場合もよく見られます。「新たな定番」を生み出したとはいえ、総合力ではまだまだリーダーの方が勝っています。油断をすれば、一気に再逆転されてしまいます。

チャレンジャーは常にチャレンジャーであり続ける必要があります。講義9のケーススタディでご紹介するアスクルは、当初リーダーであるコクヨに対抗するために、カタログ販売という新たなビジネスモデルの構築に挑み、成功を収めました。それ以降、アスクルはその成功に慢心することなく、扱う商材を医療や飲食業向けに広げたり、さらには間接材の購入代行というより大きなプラットフォームの構築へと進化させ、チャレンジャーであり続けようとしています。

チャレンジャーはリーダーになった後にこそ、「挑む」戦略を堅持しなくてはならないのです。

＊ケーススタディ7＊　「スーパードライ」でキリンの牙城に挑んだアサヒビール

アサヒビールはかつて「死の谷」に陥っていました。ビールのシェアが一〇％を切るまでに落ち込み、倒産寸前の状況にまで追い込まれていました。

その窮地を救ったのが、一九八七年三月に投入した「スーパードライ」でした。「スーパードライ」は「コクがあって、キレがある」という、従来のビールでは相反する要素として共存しえなかった「新しい味」を生み出し、一点突破を図ることによって、たちまちシェアを挽回していきました。キリンビールの「ラガー」が長年に亘って「定番」として君臨するなかで、新しい価値を生み出し、そこに経営資源を集中することによって、アサヒビールは再浮上のきっかけをつかんだのです。

「スーパードライ」の売上は急伸し、ほぼ五年でシェアは三〇％に迫る勢い。こうなると通常は、商品を拡充するという戦略を打ち出したくなるものです。しかし、アサヒビールはそうしませんでした。

同社を成長軌道に乗せた樋口廣太郎氏から九二年に経営をバトンタッチされ、社長に

図表15　ビール・発泡酒出荷量のメーカー別シェア推移

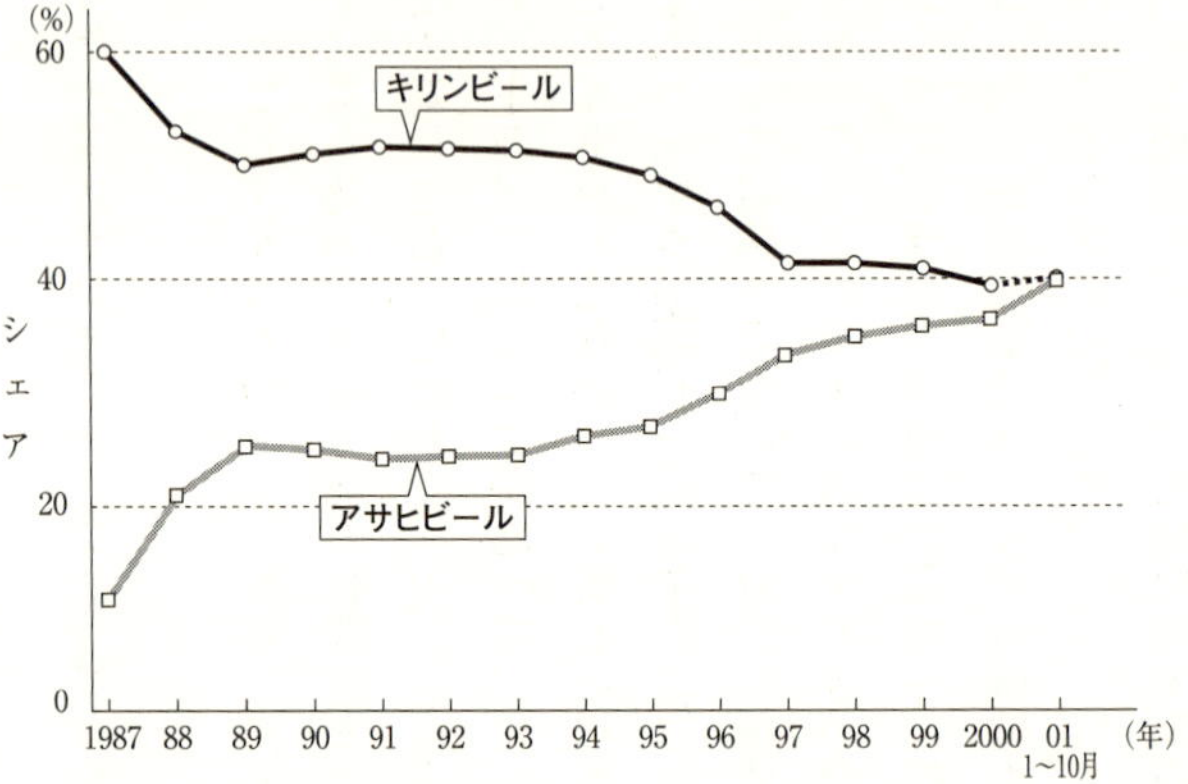

（注）各社発表のビール、発泡酒課税出荷量から『日経ビジネス』試算。キリンの2001年1～10月期数量は『日経ビジネス』推定

（出典）『日経ビジネス』2001年12月17日号　P46から転載

就任した瀬戸雄三氏は、「まだまだスーパードライでいける！」と判断。「スーパードライ」に焦点を絞る一点突破を継続し、再び二桁成長を目指しました。

その際、商品力だけでなく、「＋α」の新しい価値が必要だと考え、九三年に「フレッシュマネジメント」という新しいコンセプトを打ち出しました。

それまではビールの鮮度など、誰も意識したことはありません。酒屋に古いビールが置かれていたところで、不満を持つ人はほとんどいませんでした。

そうした〝常識〟を覆し、アサヒは「製造して十日以内の製品しか並べません。それより古いビールは売りません」という新たな仕組みを導入し、さらにジリジリと「スーパードライ」の売上を伸ばしていったのです。

その結果、アサヒビールは二〇〇一年に悲願のトップシェアを獲得しました。「スーパードライ」一本で、ついに半世紀近くも首位を守ってきたキリンビールの牙城を切り崩すことに成功したのです。

その後、アサヒビールは二〇〇〇年ころから、「総合酒類メーカー」への道を模索し始めました。その過程で取扱商品は、ウィスキーやワイン、スピリッツなどへと広がり、フルラインを指向しています。

チャレンジャーとして躍進してきたアサヒビールは、今はキリンビールと同じ「土俵」で真っ向勝負に挑んでいます。しかし、「スーパードライ」一本で急成長したときの勢いは回復できないでいます。

一方の、キリンビールはどうでしょう？　首位を奪われたその年に、「新キリン宣言」を打ち出し、大胆な改革に着手しました。

九八年には、「スーパードライ」に集中するアサヒビールに先行する形で、いち早く発泡酒市場に参入。九七年には広島・東京・京都の国内三工場、翌九八年には高崎工場を閉鎖するという聖域を設けない改革を断行しています。

また、海外比率を高めることを目的に、大型買収を次々と進めています。特に、持ち株会社に移行した二〇〇七年以降は、約九千億円を投じて東南アジアやオセアニア地域で地場の大手乳業メーカーやビールメーカーを買収し、その地域における総合食品メーカーとしての地位を築いていきます。こうしてキリンビールは、ガリバー時代の〝殿様商売〟から脱し、チャレンジャーへと転身し、巻き返しを図っているのです。

「スーパードライ」の一点突破で躍進し、リーダーとなったアサヒビールは、いつの間にかキリンビールと同じ「土俵」で戦い、同質化した経営戦略をとらざるをえなくなっています。チャレンジャーがとりえる経営戦略は比較的シンプルですが、リーダーになるとどうしても「総花的」になってしまいがちです。どのように個性的な経営戦略を打ち出すのか。アサヒビールの真価が問われるのはこれからです。

チャレンジャーはリーダーになっても、なおチャレンジャーであり続けなければならない。勝ってからが本当の勝負なのです。

講義8

ニッチャーの戦略

チャレンジャーのように、リーダーに真っ向勝負を「挑む」だけが、勝つ経営戦略ではありません。体力と総合力に勝るリーダーとの勝負を敢えて「避ける」という戦い方もあります。

具体的には、リーダーが参入してこないと思われる「ニッチ（隙間）」を探し出し、その限られた「土俵」で圧倒的な存在になることを目指す、という経営戦略です。誰もが参入を考える巨大（メガ）市場ではなく、その隙間に存在する限定的な規模のセグメントに特化・集中するプレイヤーであることから、「ニッチャー」と呼びます。ある特定のカテゴリーでNo.1を目指す、「カテゴリートップ」「カテゴリーチャンピオン」と称されることもあります。

講義8では、その「ニッチャーの戦略」について学びましょう。

「隙間」の特定が難しい

ビジネスではよく「ニッチな市場を狙う」というような言い方をします。確かに、どのような市場にも「隙間」は存在します。ある特定の顧客に特化する、ある特定の製品に特化する、ある地域に特化するなど、特化の「軸」はさまざまです。

たとえば、ＨＯＹＡは、「小さな池の大きな魚を目指す」という独自の経営戦略で高収益を誇っています。光学ガラス製造からスタートした同社は、今では「光」に関する事業へとその基軸を移しています。しかし、その根底にある「小さい池（市場）の大きな魚（マーケットシェア）」という考え方は不動です。

しかし、その「隙間」を戦略的に特定するのは、容易ではありません。なぜなら、大きすぎない、小さすぎない適度な規模の「隙間」を特定しなくてはいけないからです。

たとえば、当初は「隙間」だと想定しても、予想外にその市場が成長する場合があります。当然、その市場が魅力的な規模になれば、体力に勝る大手企業が相次いで参入してきます。そうなれば、体力のない企業が勝つことは難しくなります。

逆に、「隙間」とはいえ、あまりにも市場が小さすぎると、事業の発展性が乏しく、経営が立ち行かなくなる恐れがあります。また、時代の変化と共に、ニッチ市場そのものが消滅してしまうこともありえます。どのような「隙間」を狙うのかが、ニッチャーにとっての最初の関門と言えます。

規模より収益性を追求する

ニッチャーにとって闇雲に規模を追求することは、けっしてプラスとは言えません。それよりも収益性を重視することがなにより大切です。

そもそも市場規模が限られた「隙間」ですから、スケールメリットの追求は限界がありま す。自社の強みや技術を活かして、付加価値の高い製品やサービスを提供することによって、常に高い収益性を求めることが経営の柱でなくてはなりません。収益性を犠牲にしてまで規模を追求することは、ニッチャーにとっては「悪」と言っても過言ではありません。

実際、過去にローランド・ベルガーが二〇〇五年に行った調査では、東証一部上場の製造業八百十六社の内、ニッチャーに分類される百八十八社の平均の営業利益率は一一・四%と二桁の収益性を確保しています。これは規模に勝るリーダー企業（九十八社）の平均七・四%を大きく上回っています。ちなみに、フォロワーに分類される五百三十社の平均は、二・九%にすぎず、「戦略不在」のフォロワーが低収益に陥ることが見てとれます。

「隙間」で圧倒的な存在になることによって、高収益を実現する。ニッチャーの戦略の極意

図表16　大手製造業のポジショニングと収益性
（対象：東証一部上場816社）

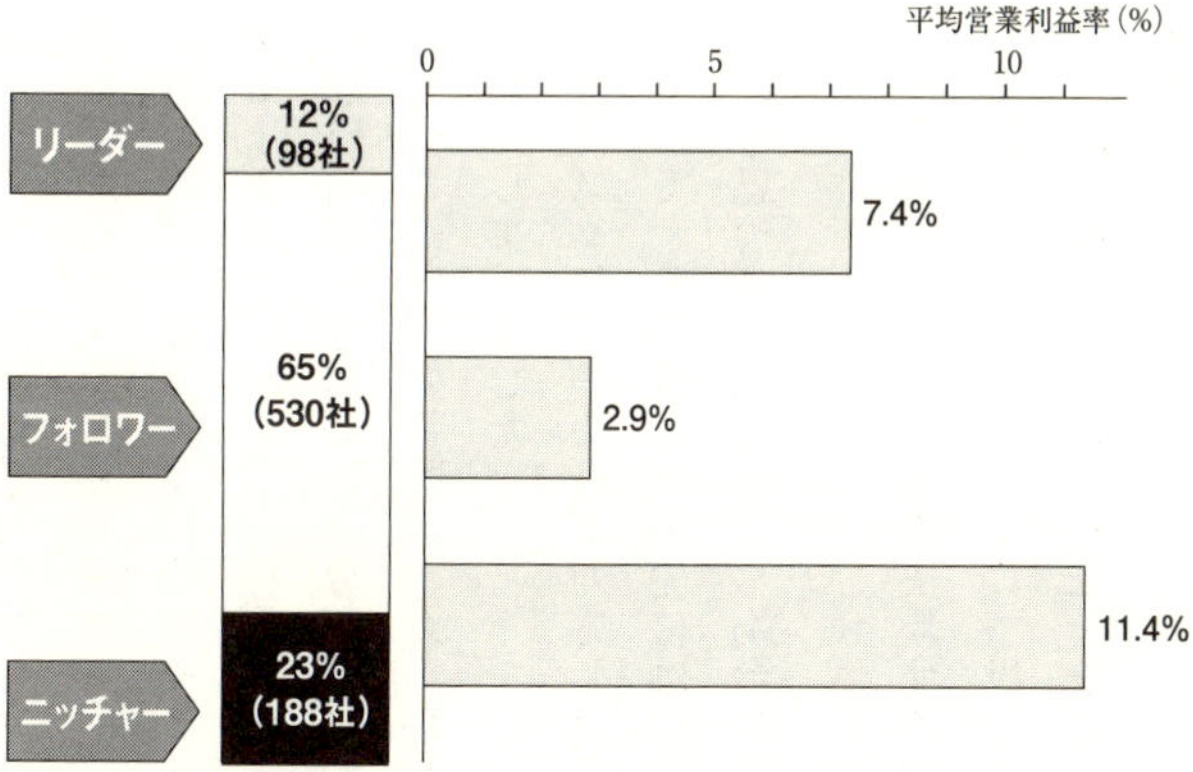

（出典）ローランド・ベルガー分析

はそこにあるのです。

目指すべきは「平均台経営」

「隙間」という狭い、限られた市場で勝負するニッチャーは、体操競技にたとえるなら「平均台」で高得点を狙うような経営をしなければなりません。細い台から落ちないように、常に緊張感をもって経営することが求められます。そして、この緊張感もニッチャーにとっての強みとなります。会社全体が朝から晩まで、経営トップから現場まで、その特化したビジネスのことだけを考えることによって、他社につけ入る余地を与えないことが肝心です。

そうは言っても、油断は禁物です。ニッチ市場で圧倒的な存在になったとしても、競争相手が参入してくるリスクはあります。

たとえば、マブチモーターは小型モーターのニッチャーとして、高収益を上げる企業でした。小型モーターの中でも、「直流で芯（コア）があり、ブラシつき」というさらに特化した製品で独自の強みを構築し、分野によっては世界シェアの七割近くを確保していました。しかし、そこに中国の新興メーカーが参戦。一気に価格競争となり、シェアも収益も大きく低下させてしまいました。

こうしたリスクにどのように対応したらよいのでしょう？　体操競技の「平均台」は長さが決まっていて、その長さ以上先には行けません。また、マブチが経験したように、誰も乗ってこないと思っていたその「平均台」に競争相手が乗ってくることも想定しなくてはなりません。

ニッチャーが安定した経営を実現するには、複数の「平均台」を持つことが必要です。ひとつの「平均台」にしがみつくのではなく、圧倒的な存在を誇る複数の「平均台」を確保することで、高収益を犠牲にすることなく、企業としての安定的な成長を実現することも可能となります。

そのお手本と呼べる企業が日東電工です。同社は電気絶縁材料からスタートした会社ですが、今では電子素材や自動車製品、工業製品など幅広い分野で「グローバルニッチ」を標榜し、数多くの製品で世界最大のシェアを確保しています。

＊ケーススタディ８＊「規模より収益」を徹底するヒロセ電機

ヒロセ電機は携帯電話用内部実装コネクターの世界一企業で、シェア二五％を誇ります。フィンランドのノキアをはじめ上位携帯電話メーカーのファースト・ベンダー（最優先部品供給者）であり、製品の発注依頼が真っ先に届きます。

「グローバルブランドで№１になる」

ヒロセ電機はこの経営戦略の下、携帯電話やパソコン、通信機器などのメーカーのなかでも世界一を誇る企業に食い込み、ファースト・ベンダーの座を獲得してきました。

「トップを落とせば、二位以下の企業も取り込める」という計算式です。

しかし、同社は売上高で見ると、コネクター業界において世界七位にすぎません。規模で見れば、同社を上回る会社は数多く存在します。

それは、同社が規模を追求せず、高収益を上げられる分野だけに特化しているからです。同社は携帯電話用や高速通信機器など、利益率の高い分野でいくつもの世界№１のシェアを有し、複数の「平均台」を持っているのです。

同社は「新製品比率を三五％以上にする」という高い目標を掲げています。「最先端のコネクターしかやらない」というルールを定め、いかに大きな売上を上げていようが、汎用品になった段階で撤退することを徹底させています。追随メーカーが出てくると価格競争に陥り、「平均台」そのものが揺らいでしまうからです。したがって、常に新製品比率を高める努力が必要なのです。

現に同社では、年間約四千もの新製品を投入する一方で、五千アイテムが消滅しています。「三年間で製品の三割が入れ替わる」とも言われています。

「すでに世の中に存在する製品は開発対象としない」という厳しいルールを自らに課しているにもかかわらず、なぜヒロセ電機は次々と新製品を開発できるのか。その大きな理由は「待ち伏せ戦略」にあります。

前述したように、世界一の企業に食い込んでいるヒロセは、顧客の新製品情報をいち早く入手することが可能です。その有利な立場を利用して、常に二、三年後に実用化されるケーブルを睨んで、必要なコネクターを先行開発しています。開発人員の約半数が先行開発に取り組んでいると言われています。

この先行開発に成功し、開発品が採用されれば、新製品の生産をどこよりも早く手がけることができます。その成功確率は三、四割ですが、こうした努力によって、利益率の高い新製品の比率を高めることに貢献しているのです。

最近の例では、世界のルーター市場で八〇％以上のシェアを有する米シスコシステムズに食い込み、高速ルーター用コネクターを受注しました。携帯電話用コネクターに続くこの新規市場でも、同社は他社が手がけていない新製品で勝負し、№１のグローバルブランドになることを狙っています。

このように、世界一のコネクター製品をいくつも持っているヒロセ電機は、常に「平均台」を入れ替えているので、売上高が飛躍的に伸びることはありません。ニッチャーに徹し、規模は追求せずに、収益を第一義としているのです。

「世界トップシェアの製品を抱えて三〇％前後の利益率を確保していれば、たとえ大きな経済危機に見舞われても、決して赤字にはならない」

中村達朗社長がこう明言するように、同社はリーマンショック直後の二〇〇八年度下期こそ売上高経常利益率が一二・七％に落ち込んだものの、二〇〇九年度中間期には二五・一％に急回復させています。

こうしたヒロセ電機の今後の課題は、用途別売上構成比の三五％を占める携帯電話部品に替わる、次の柱を見つけることでしょう。それが、「すでに高利益率を達成している ヒロセ電機には、あまり伸びしろがない」と懸念する投資家心理を動かし、株価を上昇させることにもつながると見られています。

ニッチャーの最大のリスクは、「いつの間にか業容が拡大し、中途半端な複合企業になってしまう」こと、そして「フォーカスした市場の低成長や縮小、競争激化などにより、『平均台』そのものが揺らいでしまう」ことの二つです。〝成長の誘惑〟に負けず、利益率が下がった「平均台」からは降りる勇気が求められます。ヒロセ電機はニッチャーとしての強みを最大限に活かす一方で、ニッチャーのリスクとも戦っているのです。

講義9

経営戦略とは「仮説」にすぎない

ここまで見てきたように、経営戦略とは的確な情報や分析をもとに理詰めで立案すべきものです。しかし、たとえ理に適った経営戦略を打ち出したからといって、それが必ずしもうまくいくとは限りません。机上では理屈に適っていると思っても、最後はやってみなければ分からないというのも事実です。

講義9では、経営戦略は「仮説」であるという側面について考えていきましょう。

完璧な経営戦略は存在しない

経営戦略を立案する際に、情報収集やそれに基づく客観的な分析は必要不可欠です。これまでの講義でも触れたように、3C分析やSWOT分析、アドバンテージ・マトリクス、スケール・カーブ、エクスペリエンス・カーブなど多様なフレームワークや分析ツールを駆使して、理詰めのアプローチで自社に最も適した経営戦略を立案することが求められます。多面的な情報や的確な分析によって、経営戦略の合理性が担保されるのです。

その一方で、どんなに多くの情報を集めても、またその情報の分析にどれほど力を入れようとも、立案段階で完璧な経営戦略にはなりえません。

なぜなら、市場や顧客は絶えず変化し、その変化に従って競争も変化するからです。「分析は過去の情報に基づくものであり、そこから未来が読めるわけではない」という事実を直視し、そこから打ち出した経営戦略は「仮説」にすぎないことを認識しておく必要があります。

要するに、打ち出した経営戦略が妥当かどうかは、最終的にはやってみなければ分からない。どんな経営戦略にも「間違っているかもしれない」「うまくいかないかもしれない」というリスクがある。そのことを肝《きも》に銘じておかなければならないのです。

「それならば、戦略なんて意味ないじゃないか」と思うかもしれませんが、それは違います。たとえ「仮説」であっても、経営戦略がなければ経営の目標が定まりませんし、的確な資源配分もできません。経営戦略がなければ、「エンジンのない車」のようなもので、まっとうな企業活動を営むことはできません。

ここで私が言いたいのは、「経営戦略に対する過度な思い込みは危険である」ということです。「完璧な戦略だ」との思い込みが強すぎると、うまくいかなくても、「いや、絶対にうまくいくはずだ」と適切な軌道修正ができずに、そのまま突っ走ってしまうこともよくあります。それを「戦略の暴走」と言います。

うまくいかないというのは経営戦略が妥当ではないことに理由があるかもしれないのに、それにしがみついてしまうわけです。「戦略は『仮説』にすぎない」と認識していれば、柔軟に軌道修正することができるのです。

ケンタッキーフライドチキンの戦略転換

このことを、日本ケンタッキー・フライド・チキン（ＫＦＣＪ）を例にとって説明しましょう。ＫＦＣＪは一九七〇年に米国のＫＦＣコーポレーションと三菱商事の合弁で設立されました。四十年以上経過した今では、直営店、フランチャイズ店合わせて千店を超える店舗網を誇っています。

しかし、日本に上陸して間もないころ、ＫＦＣＪはのっけから大きくつまずきました。当初、本家である米国同様、郊外のロードサイドを中心に出店を試みたのですが、客足は一向に伸びません。「日本人はフライドチキンを食べないのだ」などという苦し紛れの言い訳まで出たといいます。

確かに、ＫＦＣは米国ではロードサイドに店を展開し、大成功しました。「どこへ行くのも車」というお国柄ですから、店舗立地という意味では妥当な戦略と言えます。

ところが日本では、事情が大きく異なります。米国同様、車が普及しているといっても、当時日本にはまだ「車で食事に出かける」という習慣も文化も根づいていませんでした。

「日本人はフライドチキンを食べないのではない。米国と同じ立地条件でやろうとしたことが間違っているんだ」

ＫＦＣＪはこの「新たな仮説」に基づいて、経営戦略を大きく転換させました。

「学校や会社に通うにしても、町に遊びに行くにしても、多くの日本人は電車を利用する。その帰りがけとか、遊びに行った先とかで、友だち同士で食事をしたり、家に持ち帰ったりする。ロードサイドより駅前の立地のほうが、利用率ははるかに高いはずだ。駅前を中心に店舗展開をしていこう」

「米国と同じようにやれば日本でも成功する」という安易な仮説の下に実行した最初の経営戦略を見直し、日本の文化・習慣を踏まえた新たな「仮説」を立て、経営戦略の軌道修正を行ったのです。この戦略転換は功を奏し、大人気を博する外食チェーンとして発展していったのです。

練りに練って立案した経営戦略を、うまくいかないからといって安易にコロコロ変えるのは問題があります。しかしその一方で、当初の経営戦略にしがみつくことも問題だと言えます。理詰めでありながら、「仮説」にすぎない。時に、軌道修正する勇気を持つことが大切なのです。

走りながら、経営戦略を「進化」させる

当初立案する経営戦略は、往々にして不完全です。特に、土地勘のない新規事業などの場合、情報も経験も限られているのですから、的外れな経営戦略となってしまうリスクは高いのです。

大切なことは、実践を通じて学習し、経営戦略そのものを「進化」させていくことです。最初の戦略は「六十点」でもかまいません。たとえ「六十点」でも事業を開始し、実践することによって多くを学習し、軌道修正が可能となります。完璧な経営戦略を求めて、分析や情報収集に過度な時間を費やすより、「六十点」で早期にスタートすることが肝心なのです。「仮説」としての経営戦略を持って、まず走ってみる。そして、その経験を通じて、走りながら経営戦略を軌道修正し、「進化」させていく。こうしたプロセスを経て、経営戦略は実

践に裏打ちされた実体あるものへと変化していくのです。

その際、「経営戦略の立案とその実行は不可分である」と認識することが大切です。会社によっては、「私、戦略を立てる人。あなた、それを実行する人」というように、経営戦略と実行を分離して考える傾向があります。

しかし、経営戦略は実践を通じて学習し、「進化」させていくべきものです。戦略は戦略、実行は実行と分けて考えるのではなく、この二つは常に一体であると考えることが大切なのです。

＊ケーススタディ9＊　進化を続けるアスクル

アスクルは一九九三年に、オフィス文具メーカーであるプラスの通信販売を担う一事業部としてスタートしました。当初の狙いは、業界のガリバー企業であるコクヨに比べ、販売力で劣るプラスの製品を拡販することでした。

アスクルは当面のターゲット顧客を三十人以下の中小事業所に絞り込み、「たとえ少量でも明日届けるサービスを提供する」という経営戦略を打ち出しました。社名のアスクルは、その利便性とスピードを象徴する言葉――「明日来る」に由来するものです。

なぜ中小事業所をターゲットにしたかと言うと、そのセグメントは既存の文具チャネルが積極的な販売活動を行っていない〝真空地帯〟だったからです。コクヨの牙城である従来の文具チャネルは、大規模事業所に対してはきめ細かなサービスを行っていましたが営業効率の悪い中小事業者は、手間のかかる「美味しくない」セグメントだったのです。

逆に言えば、中小事業者はそうした従来のサービスに大きな不満を抱えていました。

アスクルは「ライバルがやりたがらない」顧客セグメントに目をつけ、カタログ販売という新たな手法で従来にはない価値を提供しようとしたのです。

もちろん、その裏側には、「大規模事業所はコクヨが押さえていて、開拓は容易ではない」という判断もありました。アスクルの評判は徐々に高まり、売上も伸びていきました。

しかし、ここでアスクルは大きな戦略転換をすることを決断しました。それは親会社であるプラスの製品を売ることを中心に考えるのではなく、あくまでもお客様の側に立ったビジネスを展開するということです。

自らの存在をプラスの「販売代理人」ではなく、お客様の立場に立って購買を代行する「購買代理人」とする。それは「脱プラス」「脱親会社」を意味しています。プラスの商品の拡販のために生まれた会社にとっては、一八〇度の戦略転換であり、容易な決断ではありません。しかし、この決断なくして、その後のアスクルの発展はありませんでした。

このとき以来、アスクルは企業理念を「お客様のために進化する」としています。アスクルは、プラス以外の商品の取り扱いを大幅に拡大し、同時にメーカーと連携して顧

図表17　アスクルの売上高・営業利益推移

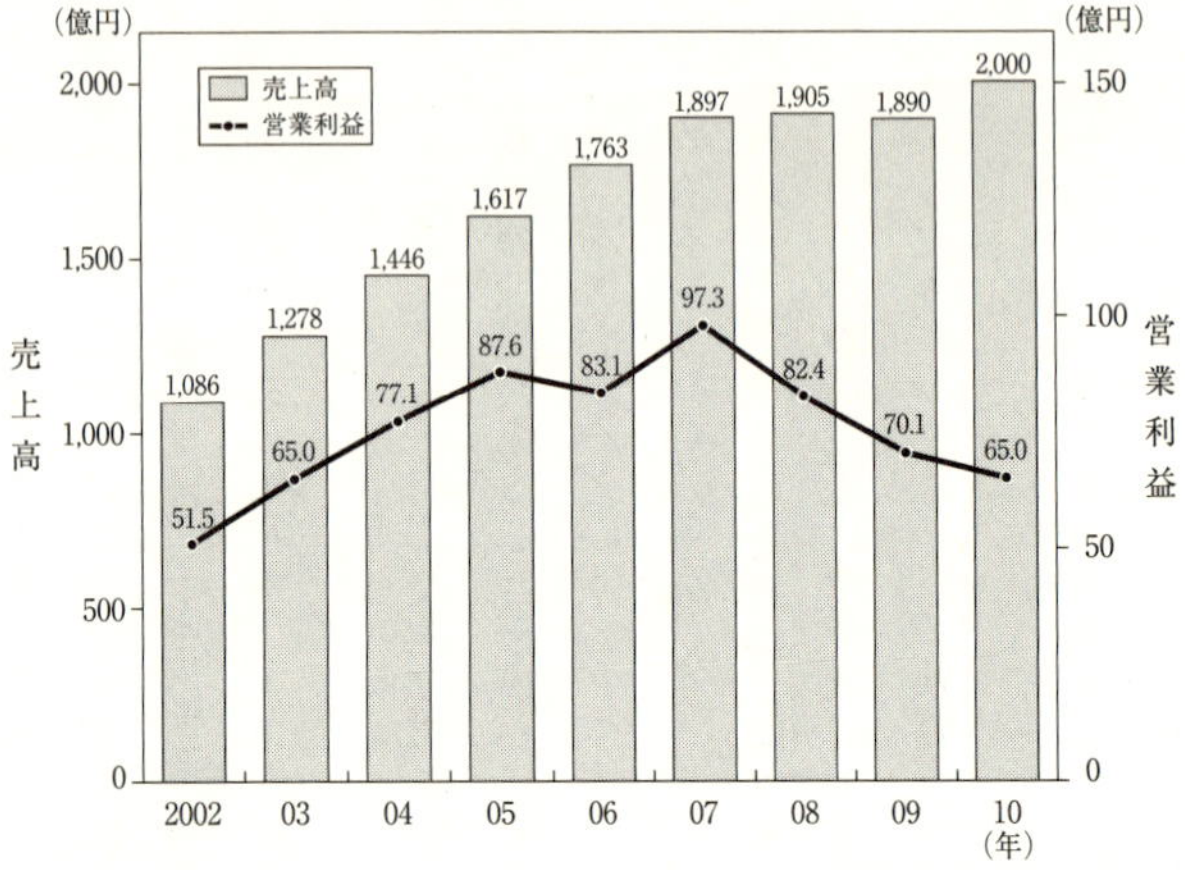

（出典）SPEEDAより

客の要望を反映した独自の商品開発を手がけるなど、急成長を遂げました。

その後、コクヨや大塚商会などが参入し、競争は激化していきました。先駆者であるアスクルは、オフィス用品だけでなく、新たな分野へと市場を広げていきました。

二〇〇四年には医療業界向けの通販、二〇〇五年には飲食業界向けの通販を開始。いずれも「お客様のために進化する」という理念に沿って打ち出した新たな戦略です。

さらに現在は、オフィス用品以外の間接材を取り扱うことを次のビジネスの中核と位置づけています。間接材とは、生産に直接関係する原材料・資材・部品などには含まれない調達品全般を指します。事務用品をはじめ作業用品や研究器具など、アイテム数は優に百万を超えます。

間接材はひとつの企業でも本社や事業所、店舗、工場などがばらばらに発注している場合が多く、大幅にコスト削減が可能な分野です。アスクルはそこに次の「戦う土俵」を見出したのです。

そして二〇〇五年、顧客企業がインターネットからあらゆる間接材をまとめて購入できる間接材一括購入システム「ＳＯＬＯＥＬ（ソロエル）」の構想をスタートさせました。この構想でアスクルが進めたのは、納入業者と顧客をつなぐプラットフォームの形成です。そのためにＩＴ投資を大幅に拡大し、ケタ違いに増えるアイテム数に備えた物流網の再構築を行いました。「ＳＯＬＯＥＬ」は近い将来、商品通過額一兆円・売上高一千億円の新たなプラットフォームビジネスの確立を目指しています。

アスクルは「購買代理人」から大企業を中心とした「共同プラットホーム」へと進化しようとしているのです。

講義10

成長と経営戦略

「成長はすべてを癒《いや》す」という言葉があります。社内にいろいろな問題を抱えていても、収益が成長を続けていれば、経営はうまくいくという考え方です。

たしかに、成長は企業を活性化させ、社員に個人としての成長機会を提供し、モチベーションアップにもつながる。それは事実です。

しかし一方で、成長至上主義になってしまうことは問題である、とする考え方もあります。ピーター・ドラッカーは著書『マネジメント』の中で、「成長そのものを目標にすることは間違いである。大きくなること自体に価値はない。良い企業になることが正しい目標である。成長そのものは虚栄である」と言い切っています。

講義10では、経営戦略と成長の関係について考えていきましょう。

安定成長を追求する

株主から預かった資本を有効に活用して、新たな価値を創造し、収益を生み出す。それが経営者に与えられた責任であることは言うまでもありません。

その責任を果たすためには、現状に安住することなく、常に新たなビジネスチャンスに挑戦し、未来志向で成長を追求していく必要があります。

しかし、挑戦にリスクはつきものです。新たな分野に出て行けば、過去の成功で培った〝土地勘〟や経験が活きず、失敗する可能性があります。多角化を推進すれば、複数の事業をコントロールするのに四苦八苦する場合もあるでしょう。そうしたリスクを極小化しながら、成長を模索しなければなりません。

企業の成長を考える上での基本は、「安定成長」の追求にあります。言い換えれば、「緩やかに、かつ継続的に成長することによって、成長のプロセスで生じる歪みを最小限に抑える」ということです。

ＩＢＭを再建したルイス・ガースナーはこのような経営を、「プラトー型モデル」と呼んでいます。プラトー、つまり「高原」のようななだらかな曲線を描く成長こそが理想であると主張しているのです。

その対極にあるのが「マッターホルン型モデル」です。ガースナーは「槍のごとく尖ったマッターホルンのように、売上高が急伸する会社は、そのプラス要因が失われたときに急降下する。急降下、急拡大は株主やユーザーから歓迎されない」と述べています。

といっても、すべての急成長を否定しているわけではありません。特に、立ち上げ時のべンチャー企業は時代の波に乗り、急成長する例がよく見られます。勢いが企業を発展させるのも事実です。ただ、「急成長は経営に歪みをもたらすリスクがある」ことを常に認識しておく必要があるのです。

事業のライフサイクル

いかに安定成長を追求しても、企業が単一の事業で未来永劫《えいごう》、成長し続けるのはほぼ不可能です。人間と同じように、事業にも「寿命」があり、時代とともに使命を終える日はやがてやってきます。

それを「事業のライフサイクル」と呼びます。事業のステージを、「導入期」「成長期」「成熟期」「衰退期」の四つに分ける考え方です。

導入期は、事業の黎明期。ユニークな発想やアイデア、これまでにない革新的な技術を持つ企業が、新たな市場を開拓していきます。

成長期は、潤沢な経営資源を持つ企業の登場や競争によって、市場が大きく育つステージです。市場としての魅力度が高まるほど、参入企業が増え、市場はより活性化します。

図表18　事業のライフサイクル

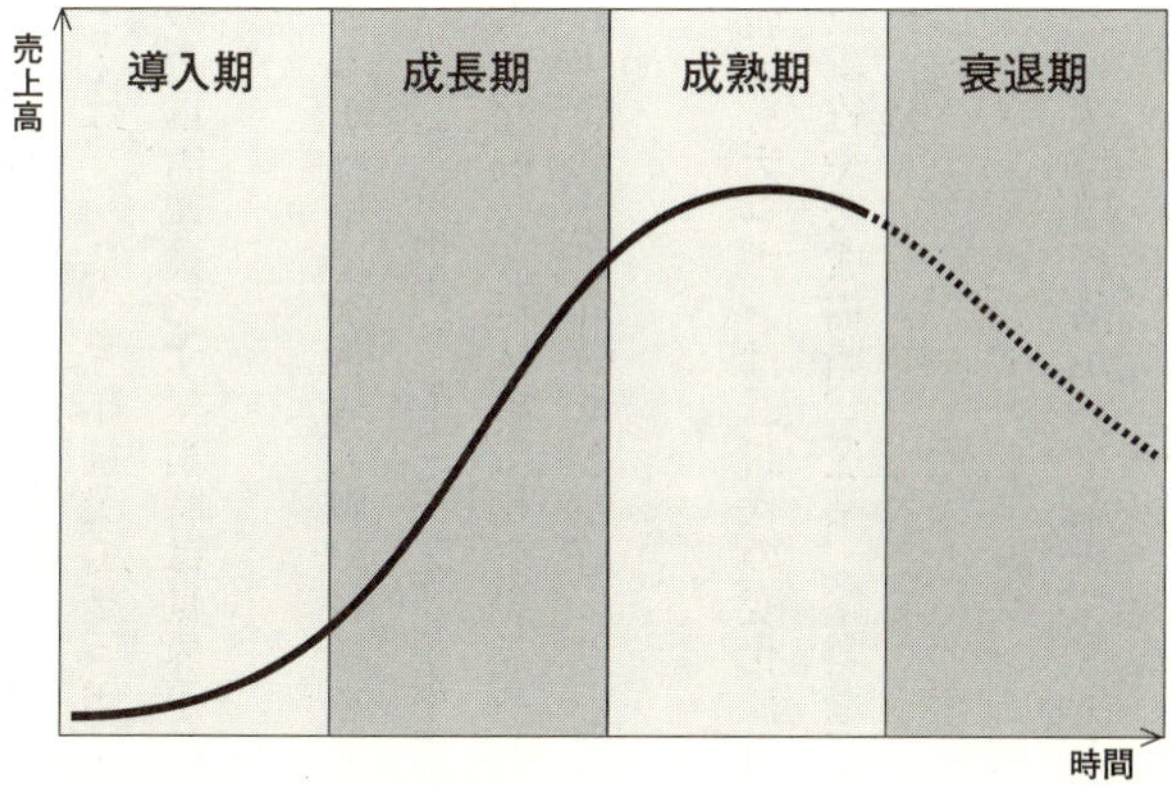

（出典）『企業経営入門』遠藤功著（日経文庫）

成熟期から衰退期にかけては、市場の成長性が鈍化し、生き残りを懸けた競争が激化していきます。やがて、勝ち組・負け組が明確になり、優位性を失った企業は淘汰《とうた》されていきます。

このように、すべての事業には「寿命」があります。もちろん、事業によって「寿命」の長い、短いはありますが、永遠に成長し続ける事業がないのも事実です。

しかし、企業は永続的に存在し続けなくてはなりません。だからこそ、それぞれの事業の「寿命」を見極め、常に新たな事業に挑戦し、事業を入れ替えていく必要があるのです。世界のエクセレント・カンパニーは、ダイナミックに事業を再編し、長期間に亘って好業績を上げ続けています。

たとえば、一八〇二年創業のデュポンは、黒色火薬の製造から事業をスタートさせました。いわゆる軍需産業です。当時は世界が戦争の真っ只中にあったので、大きな収益を稼ぎ出しました。

ところが、第一次世界大戦の終結を前に、デュポンはそれまでに得た莫大な資金と爆薬製造で培《つちか》った技術力をもとに、新たな分野へと打って出る決断をします。経営の軸足を爆薬から大きな成長が見込める化学製品へと移したのです。一般にはよく知られていませんが、デュポンは自社で自動車を製造していたこともあります。常に新たな成長を模索していたのです。

その後もデュポンは、時代の変化に対応しながら成長性のある事業への投資を続け、今では合成繊維や合成樹脂、農薬、塗料などを手がける世界第三位の化学メーカーとして、高い競争力を誇っています。

ジョンソン・エンド・ジョンソンも同じように、一八八六年創業時に絆創膏や包帯、湿布薬などの医療消耗品から事業をスタートさせ、今ではコンタクトレンズ、医療機器、ヘルスケア分野へと事業内容を多角化、拡大させています。事業内容は大きく変化し、入れ替わっ

図表19　アンゾフの製品・市場マトリクス

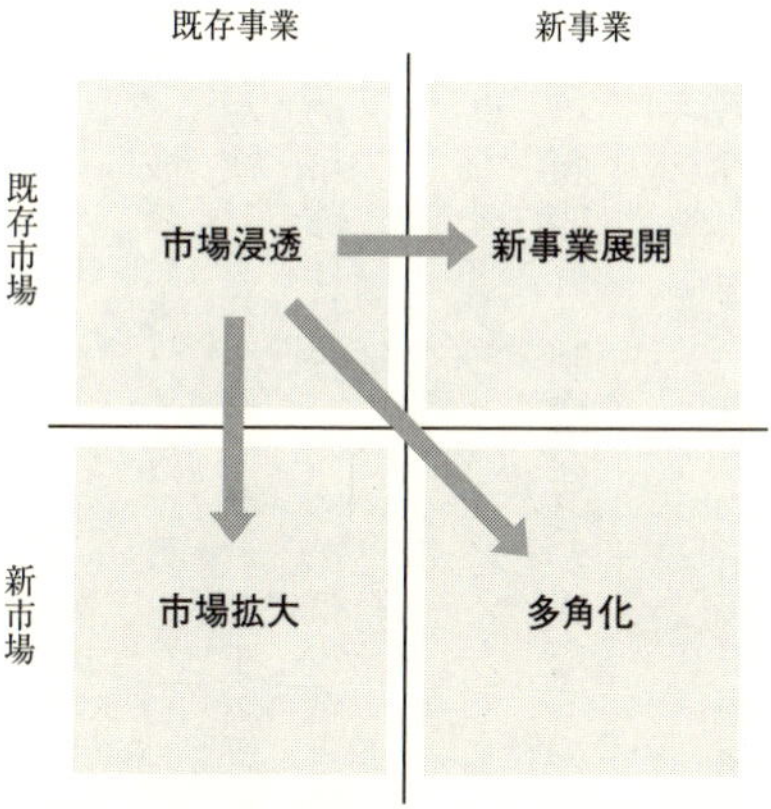

（出典）『企業経営入門』遠藤功著（日経文庫）

ていますが、エクセレント・カンパニーとして世界から注目される存在であり続けています。

両社ともに、時代の流れに合わせて事業内容、つまり生み出す価値を柔軟に変化させながら、持続的な安定経営を実現してきました。ひとつの事業だけに固執することなく、事業内容を柔軟に変容させていったからこそ、長きに亘って存続・進化を遂げることができたと言えるでしょう。

アンゾフのマトリクス

持続的な安定成長のためには、事業の多角化を検討する必要があります。その際に有効なのが、H・I・アンゾフが提唱した「製品・市場マトリクス」です。

このマトリクスは、事業拡大の方向性を事業（製品）軸と市場軸で分類するシンプルなものです。

現在取り組んでいる事業は、図の左上の象限《しょうげん》、すなわち既存市場・既存事業の部分に相当します。成長を考える際には、今行っている事業・市場をさらに「深掘り」することができないかを検討するのが出発点です。既存の市場・事業においても成長の余地があるのに、安易に他の可能性に飛びつくのは得策とは言えません。

二つ目の方向性は、新市場開拓による「市場拡大」を図る戦略です。既存の事業や製品を新たな市場で展開するという考え方です。同じ事業を営むといっても、それぞれの市場で顧客の要求や商慣習、制度などが異なるので、市場を理解するところから始めなくてはなりません。

三つ目の方向性は、既存の市場で新事業を展開する、すなわち事業の多角化です。既に学習したように、それぞれの事業は異なる事業特性を有しているので、既存事業で築いた優位性が活きるとは限りません。

そして第四の方向性が、新事業を新市場で展開するという〝飛び地〟的な戦略です。既存の事業や市場が完全に手詰まりとなった場合には、こうした方向性もありえますが、大きなリスクを伴うのも事実です。

このマトリクスはシンプルですが、企業の成長の方向性を整理し、検討する際には有効です。成長の可能性だけでなく、事業間の共通性やシナジーを考え、最適な事業の組み合わせを検討することが重要です。

ＰＰＭという考え方

多角化戦略を考える上で有効なフレームワークのひとつが、プロダクト・ポートフォリオ・マネジメント（ＰＰＭ）です。これはボストン・コンサルティング・グループ（ＢＣＧ）が多角化企業の経営の方向性を検討するために生み出したものです。

複数の事業を抱える企業では、キャッシュフローの観点から資金を生み出す事業と資金を投資しなければならない事業の組み合わせ、バランスをコントロールする必要があります。このバランスが崩れてしまうと、成長鈍化、資金不足という大きな問題が起きかねません。

ＰＰＭは多様な事業群を市場成長率、相対市場シェアという二つの軸を用いて、「花形事

図表20　BCGのPPM

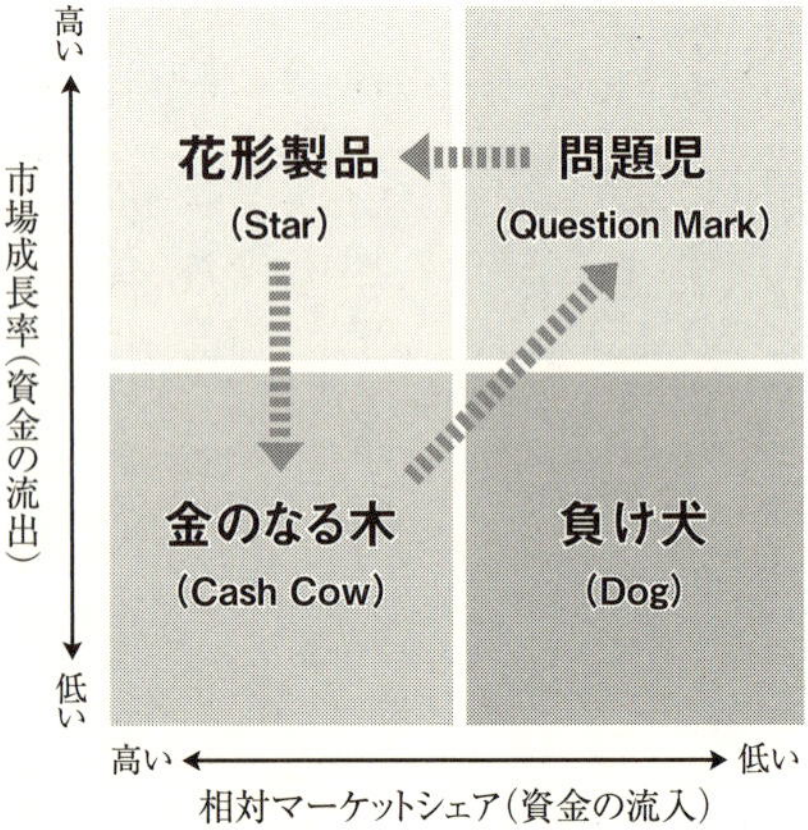

（出典）『企業経営入門』遠藤功著（日経文庫）

業」(Star)、「金のなる木」(Cash Cow)「問題児」(Question Mark)、「負け犬」(Dog) という四つのセグメントに分類します。これによって、事業の組み合わせが最適かどうかを判断し、適切な打ち手を講じることが可能となるのです。成長のマネジメントのためには、PPMは欠かせないフレームワークと言えます。

このフレームワークは事業の組み合わせだけでなく、ある事業内の製品の組み合わせを考える際にも適用できます。製品のポートフォリオを管理し、次代を担う新製品の開発を加速させるなどの打ち手を講じることにつながっていきます。

PPMに限りませんが、こうしたフレーム

ワークは数値データに基づいて、定量的に行うことが不可欠です。データの裏づけがない、個人の感覚をもとにしたＰＰＭによくお目にかかりますが、そうした使い方は間違っているだけでなく、誤った判断に導きかねません。

＊ケーススタディ10＊　「安全・安心」というドメインで多角化を続けるセコム

警備会社といえば、誰もがセコムを連想するくらい、この分野におけるセコムは高い認知度と実績を誇っています。

しかし、セコムはけっして警備だけの会社ではありません。彼らは「安全・安心」というより大きなドメイン（領域）でビジネスを営んでいます。

時間軸を創業期に戻しましょう。セコムは一九六二年、日本で初めて安全を売る会社として誕生しました。当時の社名は日本警備保障株式会社。日本ではまだ「水と安全はタダ」と考えられていた時代。「安全なんか商売になるものか」と揶揄《やゆ》する声しか聞こえないなかでの船出でした。

地道な営業努力が実を結んだのは、東京オリンピックのときです。競技施設や選手村の警備を委託されたことで、一気に知名度が上がりました。加えて、同社をモデルにしたテレビドラマ『ザ・ガードマン』の人気が追い風となって、事業は一挙に軌道に乗ったのです。

図表21　セコムの売上高・営業利益推移

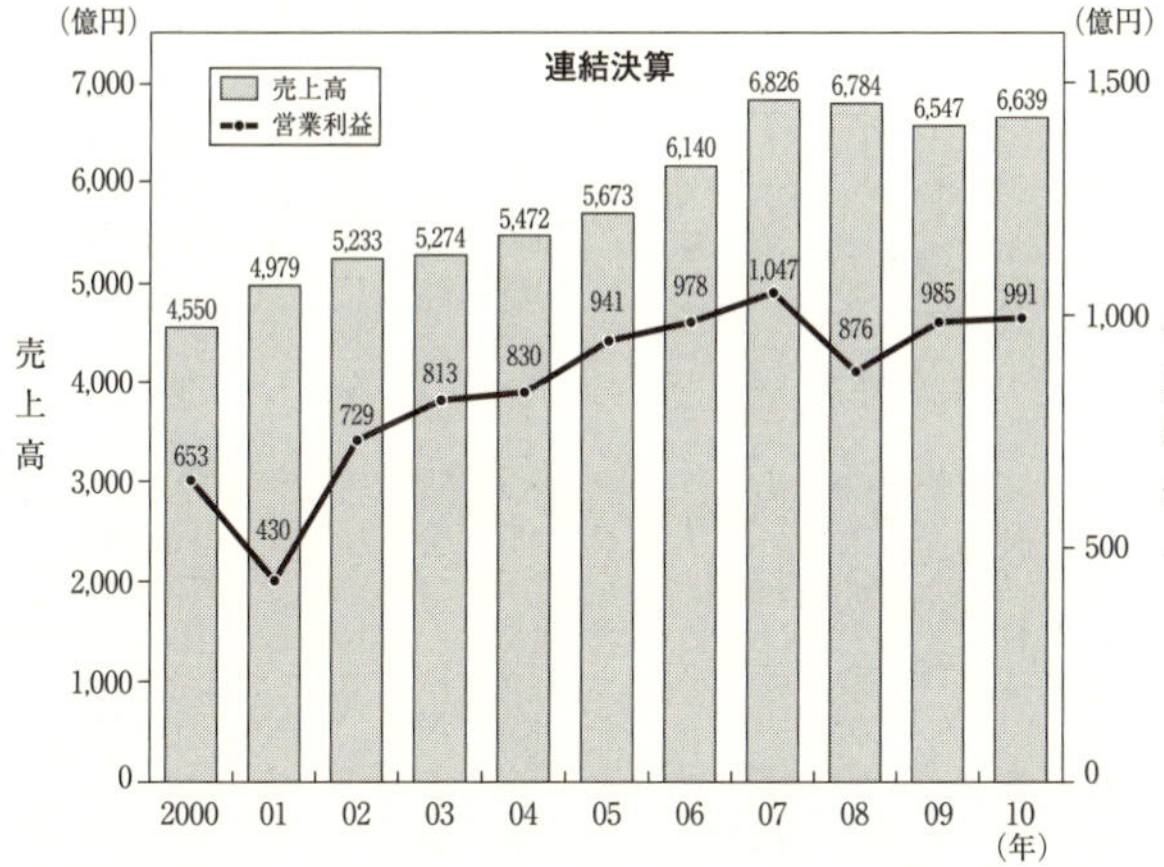

(出典) SPEEDAより

ただ、契約件数が増えれば、社員をどんどん増やさなければならなくなります。人件費が膨れ上がることもさることながら、サービスの質が落ちるリスクも高まります。

そこで打った次の手が、機械警備への取り組みです。まだ情報通信の黎明期である六六年に、倍々ゲームで伸びていた人による巡回警備を順次廃止し、警報装置を事業所に取り付け、各地区のコントロールセンターで遠隔監視サービスを提供する機械警備に切り換えていくという大きな決断でした。

これを武器にセコムは、早い時期から海外にも展開し、さらに八一年からは、家庭向け警備サービス「ホームセキュリティ」に乗り出しています。

セコムが「多角化戦略」を本格始動させたのは、社名をセコムとした八三年前後からです。年号が平成になった八九年には「社会システム宣言」を行い、セキュリティ分野で培ってきたネットワーキングシステムが、これからの新しい文明社会の構築に役立てる態勢が整ったことを発表しました。この時点で、自らのドメインを「人々が安全・安心に生活できる社会の基盤をつくりだす事業領域」と位置づけたのです。

その多角化戦略のひとつに、医療関連事業があります。セコムにとっては〝畑違い〟の事業ですが、家庭のリスクを考えたとき、健康を害したり、老化によって日常生活に支障が出たりすることも、人々が抱える大きなリスクです。

高級老人ホームの経営も同様です。老後を豊かに、安心して暮らせるサービスを提供することは、セコムにとって必然なのです。このほか、刑務所の運営や介護ロボットの開発、損害を被《こうむ》ってしまった事後のケアを手厚くする損害保険事業など、自らのドメインの中で、多様な事業に挑戦しています。

戦略面で重要なことは、こうした新規事業が警備という本業と密接に連動し、大きなシナジーを生み出している点です。たとえば、ホームセキュリティの顧客向けに家事支援や訪問介護、在宅医療のサービスを提供する、自動車保険では事故発生時にBE（ビートエンジニア）と呼ばれる警備員が駆けつけるサービスを提供するなど、常に本業とのシナジーを見据えているのです。闇雲に新規事業を広げるのではなく、「周辺事業が本業を強化する」という考え方に沿って、多角化を進めています。

もうひとつ注目すべきは、新たな事業を立ち上げる際に、その分野では「自分たちは素人である」という認識の下、じっくりと時間をかけてノウハウを蓄積し、大切に育てていくやり方を踏襲している点でしょう。事業特性の違いを認識し、学習しながら広げるアプローチをとっているのです。

たとえば、医療関連事業ではアメリカでHCA（ホスピタル・コーポレーション・オブ・アメリカ）という病院経営会社の救急医療サービス部門を買収するなどして、事業ノウハウを蓄積しています。また、国内でも早くから大学病院と共同で在宅自己健康システムのネットワーク化や在宅医療のあり方などについて研究を行ってきました。九二年に破綻しかけていた病院の経営再建に乗り出したのも、医療現場のノウハウを蓄積することが大きな目的です。

事業特性が異なり、ノウハウがないから、小さく始めて、一歩一歩学習する。そして、用意周到な準備が整ったところで、大きく打って出る。大胆かつ細心。そこにセコムの成長戦略の特徴があります。

今や、セコムの連結売上高のうち、警備関連事業は約六割にすぎません。創業から約五十年。〝ベンチャー魂〟という独自のDNAは、同社多角化戦略の中に確実に受け継がれています。

講義11

M&Aと経営戦略

近年、日本企業においても、会社を成長させるための手段として、M&A（企業買収）が当たり前のように行われるようになっています。以前は、どんな事業も自力でゼロから立ち上げる〝自前主義〟が主流でしたが、世界経済の潮流は日本企業の経営のあり方にも大きな影響を与えています。

〝自前主義〟自体は悪いことではありませんが、新たな技術をスピーディに手に入れたり、多様なグローバル市場にいち早く対応するためには、すべてに時間をかけてコツコツ取り組んでいるわけにもいきません。市場機会や競争相手は待ってはくれません。

講義11では、経営戦略立案にあたって、M&Aという手段がどのような意味を持つのか一緒に考えていきましょう。

最大のメリットは「時間を買う」こと

新たな事業に取り組むとき、大きな問題点は「時間がかかる」ことです。自前のリソースや技術でやれないことはないけれど、とにかく早く成果を上げたい。そう考えるのであれば、その分野ですでに一定の業績を上げている既存の企業・事業を買うというのもひとつの考え

図表22　M&Aの件数推移

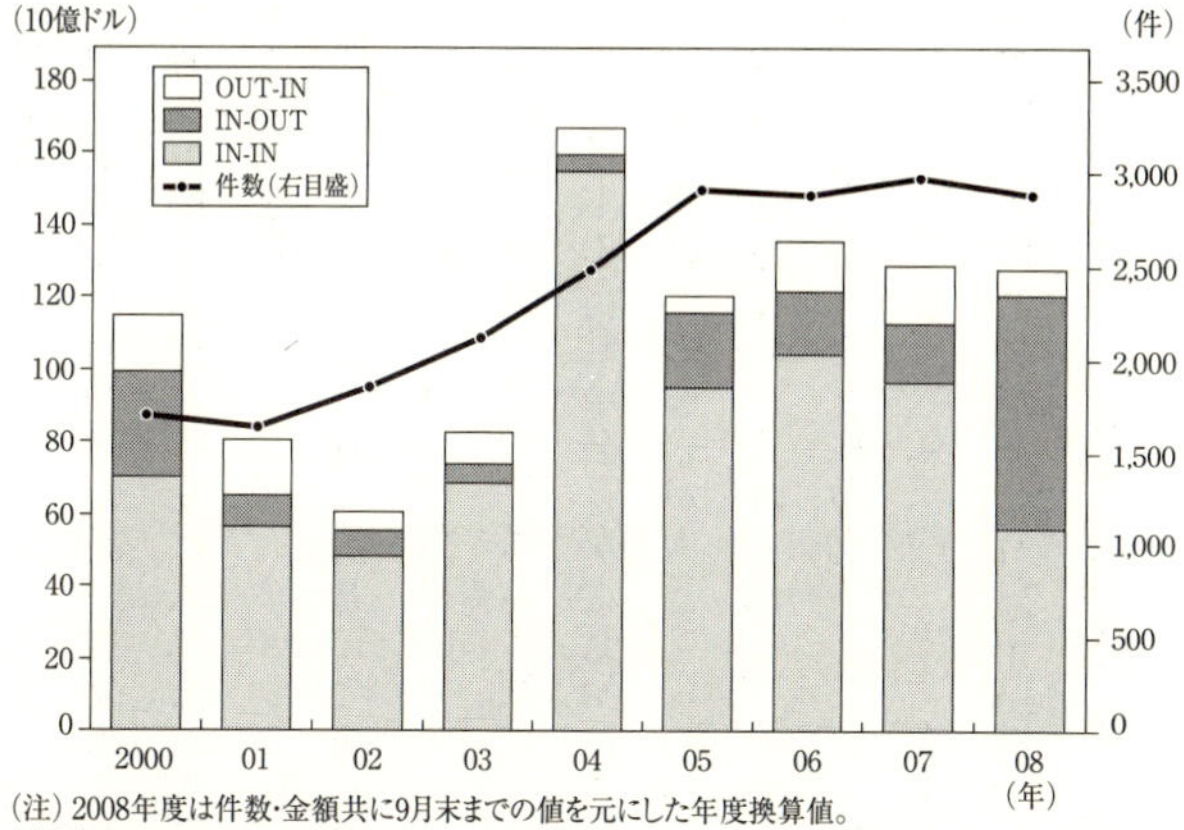

(注) 2008年度は件数・金額共に9月末までの値を元にした年度換算値。
(資料) Thomson Reuters
(出典) みずほリサーチ December 2008から転載

方です。被買収先が持つブランドや販売網、広い顧客層、優れた技術力、ノウハウなどを一気に手に入れることができます。M&Aの最大のメリットはまさにそこ、「時間を買う」ことにあるのです。

それを推し進めている顕著な例が、キリンビールやサントリーなどの食品会社です。彼らは今、積極的に海外でのM&A戦略を展開しています。

たとえば、キリンビールは二〇〇七年にオーストラリアの乳業最大手ナショナルフーズを買収したのに続き、翌二〇〇八年には同国二位のデアリーファーマーズも傘下に収めました。

これによって、同社はオーストラリアにお

ける乳製品で一気にトップに立ちました。

その背景には、嗜好性の高い食品事業ならではの海外展開の難しさがあります。味覚の異なる海外市場の消費者に受け入れられる商品開発を行うには時間がかかります。市場調査や研究・開発をしている間に、チャンスは遠のいてしまうかもしれません。

それよりも、現地事情に精通した地元の食品メーカーを買収し、その会社の持つ商品や能力をベースに始めたほうが効率的です。スタート地点をはるか手前に置くことができるので、海外でのビジネスを比較的スムーズに、スピーディに推し進めていくことができます。

一方、日本の自動車会社がなぜM&Aに消極的かと言うと、自動車という事業は食品ほど地域による嗜好性の違いが大きくないからです。日本で開発し、製造したものを輸出しても、海外市場で十分に受け入れられる。それならば、M&Aに手を出すことより、自社の技術や商品開発力を磨くことに専念することが得策だと考えているのです。

M&Aはあくまでも「手段」にすぎません。経営戦略を実現する上で、効果的だと判断すればその「手段」を活用すればよいのです。M&Aは「目的」ではありません。「買収まずありき」ではなく、「戦略まずありき」の発想をもとに、M&Aを検討することが重要なのです。

PMIの重要性

資金さえあれば、企業や事業を買うことができます。問題はその後です。その生いたちや組織運営のルール、企業風土も、すべてが異なる会社を傘下に収めるわけですから、買収後の運営に大変苦労するケースが多々あります。

たとえば、ブリヂストンは一九八八年に米国二位のタイヤメーカーであるファイアストンを買収しましたが、その後マネジメントがうまくいかずに、大きな苦しみを味わいました。両社にはそれぞれが長年培ってきた独自のやり方があります。ブリヂストンが自社のやり方を強引に押しつけては、ファイアストンに抵抗されることの繰り返し。

そのせめぎあいが長期化し、いっときは「買収は失敗だった。ファイアストンはブリヂストンのお荷物になっている」と言われたほどです。現在では落ち着き、買収の成果も出始めましたが、M&Aの難しさを再認識させられるものでした。

当時、買収を決断した家入昭社長は後にこう述懐しています。「米国人は、買収した側が即時乗りこんで、全部変えてしまうのだが、わが社にはそこまでのノウハウはなかった。各ポストを日本人で埋めるだけの力もなかった」

これは日本企業に限ったことではありません。たとえば、ドイツのダイムラーも米国のクライスラーの買収で大きな失敗をしています。ダイムラーはクライスラーにドイツ流のやり方を〝移植〟しようとしましたが、うまくいかず、結局、引き上げるハメに陥りました。

M&Aの検討に当たっては、経営戦略との整合性だけではなく、買収後に組織をどのように統合していくのか、その方針や方法論を明らかにしておく必要があります。そうした業務の統合や組織・風土の融和などを図る施策を構築するプロセスを、「PMI（Post Merger Integration)」と言います。PMIの経験・ノウハウを持った企業は、M&Aを効果的に推進することができます。PMIの巧拙《こうせつ》が、企業の発展・成長に大きな影響を与えているのです。

M&Aによる企業変革

最近では、M&Aによって企業そのもののあり方が変わる、といったことも起きています。そうした事例のひとつが、二〇〇六年にイギリスのビルキントン社を買収した日本板硝子です。

日本板硝子がM&Aに踏み切った最大の理由は、海外戦略の出遅れです。ガラスは世界中で使われ、その使途も多様です。国内のライバルである旭硝子は、そのニーズをいち早く掴み、海外の販売網を拡大させていました。しかし、日本板硝子の納入先はその大半が日本メーカーであり、海外戦略が思うように進んでいなかったのです。

そこで日本板硝子は、特に自動車会社に強いガラス会社を買収しようと、ビルキントンに白羽の矢を立てました。国際的な生産能力と販売網を一気に獲得するという経営戦略です。

この買収劇は、三十億ポンド（約六千百六十億円）に上る大型買収であったこと、また世界シェア六位の日本板硝子が三位のビルキントンを買収する「小が大を飲み込む」M&Aであったことから、大きな注目を集めました。

さらに二〇〇八年、日本板硝子は社長にビルキントン社長であったスチュアート・チェンバース氏を抜擢。買収された側のトップが、買収した側のトップになるという異例の人事で、周囲を驚かせました。

この大きな経営判断の背景にあったのは、「海外事業を拡大・成功させる」という経営戦略です。この経営戦略を実現するには、国籍に関係なく海外のビジネスを最もよく知っている人間をトップに据える。日本板硝子はそう英断し、「国内中心の内向きな会社」から「真にグローバルな会社」へと変貌する道を選択したのです。

つまり、日本板硝子はビルキントンの買収を、単に弱点を補うための補完的なものではなく、真のグローバル企業へと変貌するためのジャンピングボードとしたわけです。

M&Aにより日本から世界に軸足を移し、一気に世界のトップを狙う。こういう〝離れ業〟をやってのける会社が、日本からも生まれ始めています。M&Aは今後ますます、日本企業の命運を握る重要な経営戦略の柱に位置づけられることが予想されます。

＊ケーススタディ11＊　日本電産の回転し続けるM&A戦略

「モーターで世界を制覇する！」

永守重信社長率いる日本電産はこのビジョンの下、一九八四年以来今日まで約三十件のM&Aを行い、それをテコに成長路線を走り続けています。

国内におけるM&Aで特徴的なのは、独自の高い技術を持つ赤字企業、もしくは部門に着目し、「短期再生」を目指すことです。しかも、「赤字事業を切り捨て、従業員を削減する」ような〝外科的手術〟は行わず、「事業も人も切らずに本来の企業活力を復活させる」という〝自然治癒〟的なアプローチをとります。それは、「業績が悪化しているのは従業員の心が病んでいるからであって、経営者が彼らの向上心に火をつければ、必ず利益を生み出せるようになる」という永守社長の経営哲学によるものです。

具体的には、買収相手の会社の社員に「赤字は悪だ」という意識を徹底させ、主体的なハードワークを求めます。買収当初は抵抗もありますが、多くの場合一、二年で損失を処理し、業績が上向いてくると、社員の意識は根本から変わり始めます。

図表23　日本電産グループ2社の営業損益推移

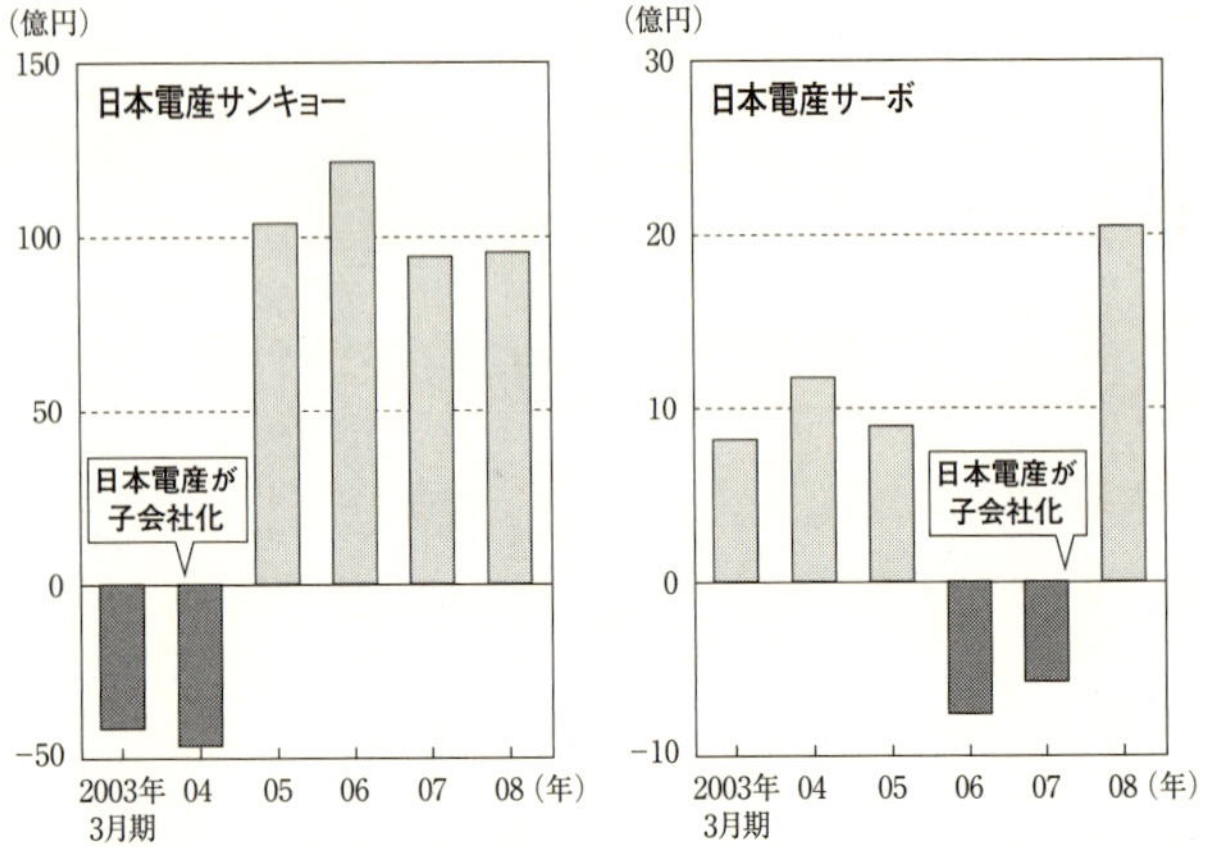

(出典)『日経ビジネス』2009年1月19日号　P44から転載

実際、八九年に信濃特機、九七年にトーソク、九八年にコパル、二〇〇三〜二〇〇四年に三協精機製作所、二〇〇七年に日本サーボなど、次々と買収した企業は、その多くが再生により最高益を更新する勢いを取り戻しています。

一方、欧米を中心とする海外企業のM&A案件については、「赤字企業には手を出さない」方針を貫いています。風土、習慣、文化が大きく異なるため、買収後の組織運営がうまくいかないケースが予想されるからです。

また、M&Aの対象企業については、極めて戦略的・合理的に選別しています。

小型精密モーターを本業とする日本電

産は、自らの「戦う土俵」を「回るもの・動くもの」に絞り込んでいます。買収先を二軸で分類し、「戦う土俵」の拡大を狙っているのです。垂直方向はモーターの種類やタイプ、水平方向に自動車用、コンピュータ・PC関連、産業用・家電用などの用途別を見据え、「戦う土俵」の中における戦略的な買収を行っています。

こうして数々のM＆Aによって成長を続けてきた日本電産ですが、その勢いに翳《かげ》りが見えたこともあります。リーマンショックで揺れた二〇〇八年、東洋電機製造と富士電機モーターと、二社立て続けに買収に失敗したのです。

加えて、本業の収益が急速に悪化し、「二〇一一年三月期に売上高一兆円を達成」という目標も修正せざるをえなくなりました。このとき、永守社長は「八合目まで登ったところで嵐がきた。このままムリして登れば、死ぬために登るようなもの。ここはいったん空気のいいところまで下りて態勢を整える」とコメントしました。

そこで、危機を乗り越えるために打ち出したのが、「WPR（ダブル・プロフィット・レシオ）」という独自の手法による改革です。これは一言で言うなら、「売上が半分になっても、黒字を出せる企業体質をつくる」ということです。

グループで内製化できることを徹底的に洗い出したり、残業時間をなくすために会議のムダがないかどうかを検証したり、賃金カットを行ったり、コスト削減と作業の効率化に結びつく構造改革を実行しました。

その結果、二〇一〇年三月期にはリーマンショック前より売上を千六百億円近く落としながらも、最終利益では逆に百億円も積み増しし、過去最高益の五百二十億円を叩き出したのです。

と同時に、二〇一〇年八月には、過去最大級の大型案件である米電機大手エマソン・エレクトリックのモーター事業部門（ＥＭＣ）の買収に成功しました。ＥＭＣはモーター事業を営む日本電産にとって、十年越しの〝恋人〟。最初に買収を持ちかけたときは、「売ってやってもいいが、買う金はあるのかい？」と鼻であしらわれたと言います。

それでも永守社長はあきらめませんでした。九百億円の営業キャッシュフローを生み出す会社にまで成長し、その潤沢な資金力がモノを言ったことは言うまでもありません。

日本電産はなぜＥＭＣを手に入れたかったのか？　それは、品揃えの拡充や海外ネットワークの強化に結びつくからです。日本電産はＨＤＤ用精密小型モーターで世界シェア七五％と圧倒的強さを誇り、車載用など中型モーターも急拡大しています。しかし、大型モーターは手がけておらず、中型の家電用モーターでも展開が遅れていました。

ＥＭＣはアメリカの白物家電大手ワールプールを顧客に持ち、家電用モーターでシェアが高く、水道システム用などの大型モーターも展開しています。また、日本電産が手薄なイギリスやインドに工場を持っており、アメリカには研究開発拠点も有しています。

長年の〝片思いの恋〟を実らせた日本電産は今、先送りした売上一兆円の目標を二〇一二年度に達成することを目指し、さらに大きなＭ＆Ａを狙っています。電気自動車など新たな成長分野でのＭ＆Ａが予想されます。

円高で日本企業の買収余力が高まるなか、日本電産のようにＭ＆Ａをテコにして競争力を強化しようとする動きが加速されていくと思われます。

講義12

現場起点で経営戦略を立案する

経営戦略とは、「自社が生み出す価値を特定すること」であるということは、講義1で学習しました。企業活動とは、価値創造活動です。

では、自社が生み出すべき価値はどのように見出し、決定すればよいのでしょうか？　価値を特定する視点やアプローチは一様ではありません。

講義12では、どのようにすれば生み出すべき価値を見つけることができるのかについて、考えてみましょう。

経営戦略の「芽」をどのように見つけるか

自分たちが生み出すべき価値を特定する経営戦略の「芽」を見つける最もオーソドックスな視点は、「顧客の不満」に着目することです。顧客が潜在的、顕在的に抱えている不満、すなわち「ニーズ」を捉えて、それを解消する価値を特定するのです。

「ケーススタディ9」で紹介したアスクルの事例を思い出してください。彼らは現状のサービスに不満を持っている中小事業所に着目し、その不満を解消するために、ダイレクトモデルという独自の価値創造に成功しました。

もうひとつの視点は、新たな技術を活かして新たな価値創造に結びつけるというアプローチです。革新的な技術の誕生によって、これまでになかった価値が生み出されるという「シーズ」主導の発想です。ハイブリッド型の自動車やバイオの分野が、その典型例として上げられるでしょう。

現場に着目する

こうしたニーズ発想、シーズ発想のアプローチに加えて、第三の視点として有効なのが、企業の「現場」に着目することです。

現場と言うと、「戦略の実行を担うところ」と位置づけられがちですが、現場の役割はけっしてそれだけではありません。特に、日本企業の場合、現場にいる社員たちは単に与えられた仕事をこなしているだけではなく、「お客様はこういうものを望んでいる」とか「こういうことをすると、お客様はきっと喜んでくれるはずだ」など、さまざまな「気づき」を得ています。

つまり、日々の業務を遂行するなかで、現場にいる社員たちが新たな価値の創造につながりうる経営戦略の「芽」をつかんでいるのです。まさに、「経営戦略の『芽』は現場にある」と言ってもいいでしょう。

たとえば、「ケーススタディ1」で学んだコマツの「KOMTRAX」は、その典型例と言えるでしょう。「中国で建機の盗難が頻発して困っている」という現場の悩みが、その出発点でした。アフターサービスの現場における「盗難防止」という問題解決のために、GPSという技術に着目したのです。

しかし、その活用は「盗難防止」だけに留まりませんでした。こういうことにも使える、こうした価値も生み出せるとその応用分野はどんどんと広がり、「KOMATRAX」という独自の差別化に結びついていきました。

製品開発の現場、モノづくりの現場、営業の現場、アフターサービスの現場……さまざまな現場で繰り広げられる日常的な活動の中に、新たな経営戦略の「芽」が潜んでいるのです。

帰納法的アプローチ

帰納法とは「観察される個別的な事例から、普遍的な解を見出そうとする方法論」を意味します。経営戦略の観点から噛み砕いて言うと、「現場で発生している問題点や、現場の状況を観察して気づいたこと、感じたことなどをヒントにして、仮説としての経営戦略を組み立てる」ということ。これが「現場起点の戦略立案」です。

日本企業はこの「帰納法的アプローチ」によって経営戦略を立案することを得意としています。ピーター・ドラッカーが指摘した「ナレッジ・ワーカー」（知識労働者）が現場にいることが、日本企業の強みのひとつと言えます。

欧米の多くの企業のアプローチは、まったく異なります。本社の優秀なスタッフがさまざまな情報やデータを集め、分析して、推論としての経営戦略を練り、その実行を現場に落とし込んでいくという「演繹《えんえき》法的アプローチ」がとられるのが一般的です。

日米のこの違いは、経営における現場の位置づけの違いによるものです。米国では「経営戦略は本社の一部の優秀なスタッフが立案し、現場はそれをその通り実行する」という経営スタイルですが、日本は「本社と現場が一体となって経営戦略を立案し、実行する」ことを得意としています。

日本企業が得意とする「帰納法的アプローチ」では、経営者や戦略スタッフと現場との「距離感」がとても重要なポイントとなります。本社の机にしがみついて、情報収集やデータ分析だけをどんなにこなしても、経営戦略の「芽」となりうる生きた情報はつかめません。「現地現物」を実践し、現場でヒントを見つけていくことが、独自の価値創造につながるのです。

戦略は細部に宿る

現場起点で経営戦略を考えるのと同様に、練り上げた経営戦略を「いかに現場における具体的な優位性構築に落とし込んでいくのか」という視点もとても大切です。どこが起点であろうと、経営戦略そのものは「机上」のものにすぎません。

それを現場に展開し、目に見える独自の価値を生み出し、他社との差別化を実現しなくてはなりません。商品やサービス、現場における日々の業務に落とし込んでこそ、経営戦略は実体として意味を持つのです。

経営戦略は企業活動の「細部に宿る」のです。商品開発におけるちょっとした工夫、顧客に対するきめ細やかなサービスなど、顧客にとっての具体的な価値として表出された時に、経営戦略は実現されたことになるのです。

たとえば、「ケーススタディ9」でご紹介したアスクル。「お客様のために進化する」を標榜するアスクルの経営戦略は、通信販売というビジネスモデルの要ともいうべき「カタログ」の質に表れます。お客様の使い勝手のよいカタログとは何か、どうすればお客様はカタログを手にとってくれるかなどをお客様の目線で徹底して考え、工夫を凝らしてきたのです。まさにアスクルの経営戦略は「カタログに宿っている」のです。

ちょっとした違い、ちょっとした工夫は、実は絶対的な差をもたらします。「細部」にこそこだわらなくてはなりません。「机上の空論」で終わらせるのではなく、日々のオペレーションの細部に反映された時、経営戦略は真の価値をもたらします。よい経営戦略とは、泥臭く、汗の匂いがするのです。

＊ケーススタディ12＊　現場起点の戦略で復活を果たした旭山動物園

旭山動物園は北海道旭川市にある日本最北の小さな市立動物園です。数年前に「奇跡の再生」と話題沸騰し、マスコミで盛んに取り上げられ、その復活物語は映画やドラマにもなりました。

この旭山動物園の成功要因は、経営戦略の視点で考えると、「園長以下飼育係員の方々を中心とする現場の視点で、いかに動物たちの生き生きとした姿を見せ、来園者に楽しんでいただくかを考え、実行した」ことにあります。そこには、組織が活性化し、成功するための普遍的なポイントが隠されています。

「奇跡の再生」と言われたことでも分かるように、旭山動物園は一九八三年に六十万人を記録して以降、来園者数は徐々に減少していきました。さらに九四年には、人気者だったローランドゴリラのゴンタや、ワオキツネザルのメイがエキノコックス症という感染症で死亡してしまい、閉園を余儀なくされる大ピンチに陥りました。その後も風評被害の影響が長引き、九六年には入園者数が開園以来最低の二十六万人にまで落ち込んで

図表24　旭山動物園の入園者数の推移

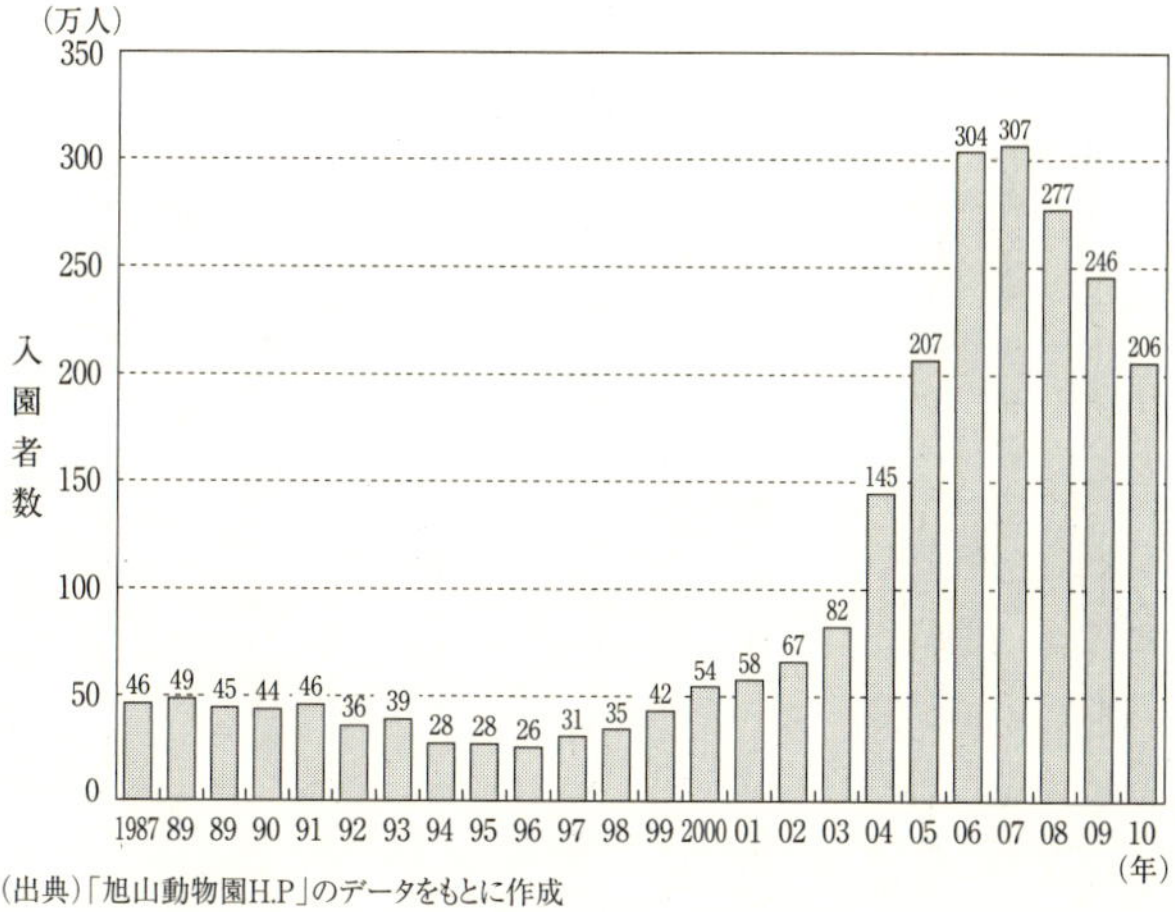

（出典）「旭山動物園H.P」のデータをもとに作成

しまったのです。

廃園の噂まで囁かれるなか、園長と飼育係員のみなさんは、「動物たちの魅力をうまく伝えられないまま、この動物園を潰してなるものか」と現場主導の工夫を始めていったのです。

このとき、彼ら現場の活力の源になったのが、旭山動物園が〝冬の時代〟の真っ只中にあった八九年に描いた「十四枚のスケッチ」です。飼育係員たちが来る日も来る日も時間を忘れて熱く語り合った「理想の動物園像」を、イラストという目に見える形に落とし込んだものです。

それまでの動物園の多くは、パンダやコアラなどの「スター動物」頼みで運営されていました。けれども、旭山動物園にはそんな動物を買うお金も、高い餌代を賄《まかな》うお金もありません。しかし、彼らには「こういう動物園がつくりたい」という彼ら独自の強い思いがありました。

「いつか、こんな動物園をつくりたい」という彼らの夢は、動物園の常識だった「形態展示」の枠を突き破りました。「自分たちが日々触れ合っている動物たちの行動している姿、命の輝く営みを見て欲しい」という現場の思いが、「行動展示」という新しい価値を生み出したのです。

経営戦略という視点から旭山動物園を捉えると、それまでの「動物の種類」で差別化するという一般的な考え方から、「動物の見せ方」で差別化するという独自の戦略を生み出したことに大きな意義があります。まさに、現場起点の戦略がユニークな動物園への変身をもたらしたのです。

現場起点のスケッチが市長や行政を動かし、念願の予算を獲得した旭山動物園は、九七年にウサギやアヒル、モルモット、ヤギ、ポニーなどに直接触れられる広場「こども牧場」をオープンしたのを皮切りに、次々と「スケッチ」を現実のものにしていきました。

それ以降、トラ・ライオン・ヒョウたちが自然に近い生息環境の中で暮らす「もうじゅう館」、泳ぎ回るペンギンを水中トンネルから観察できる「ぺんぎん館」、好奇心旺盛なアザラシが円柱水槽を行き交う姿を眺められる「あざらし館」……どの施設でも、動物たちが野生を取り戻したように生き生きと行動する様が見られ、大好評を博しています。

こうして旭山動物園は、たとえ「スター動物」がいなくても、一見どこの動物園にでもいるありふれた動物ばかりでも、「見せ方」を工夫すれば動物園は十分に魅力的な施設になりうることを証明してみせました。

現場の飼育係員が「動物本来の魅力を引き出す」ためのアイデアを生み出すという現場起点の経営戦略を柱に据えた旭山動物園は、全国区の人気動物園に生まれ変わりました。二〇〇六年には、来園者数が年間三百万人と、上野動物園と肩を並べるまでになったのです。

講義13

起業と経営戦略

経営はビジョンから始まる、ということは「講義2」でお話ししました。ビジョンとは経営者の「思い」であり、実現したい夢です。そのビジョンの下で立案されるのが、経営の「背骨」である経営戦略です。

キーワードは「Ｗｈｙ」と「Ｗｈａｔ」です。なぜ——「何のためにこの会社は存在するのか」を明らかにするのがビジョンであり、何を——「どのような価値を生み出すのか」を明らかにするのが経営戦略です。

みなさんの中には、「将来、起業したい」と思っている人もいるでしょう。起業においてなにより大切なのは、経営者自身の「こうなりたい」という思いや夢です。すべての企業は創業者の熱い思いから始まっているのです。

講義13では、起業におけるビジョンと経営戦略の関係について学習しましょう。

起業のエンジンは「思い」

私はこれまで数多くの起業家と出会い、サポートしてきましたが、起業の失敗の理由の多くは、実は経営戦略ではありません。「なぜ起業するのか」「起業によって何を成し遂げたいのか」というビジョンが明確でなく、「何があっても、成し遂げる」というパッション（情熱）が足りないことが、最大の理由です。

若いビジネスパーソンが、市場調査や競争相手のデータなど、さまざまな資料をきれいに揃え、自分なりの経営戦略を立て、「こういう事業で起業しようと思うのですが」と相談にやって来ます。「本当にやりたいの？」と問うと、「本当にやりたいんです」と答えますが、ほとんどの場合「うまくいかないだろうな」と感じます。

なぜでしょう？

本当に「これをやりたい。どんな困難に直面しても、何とか乗り越えて、自分の夢を実現したい」というパッションがあるのなら、人に相談する間も惜しんで、とにかく動き出すのが本来だと思うからです。強烈なビジョンやパッションもないのに、経営戦略だけをこねくりまわして、起業しようだなんて、私に言わせれば〝起業ごっこ〟〝ベンチャーごっこ〟をやっているだけです。

ゼロからのスタートになる起業は、言わば「無」から「有」を生み出すことです。その道のりは困難を極めます。明確なビジョンと強いパッションがなければ、簡単に挫折してしまうのは火を見るより明らかです。人・モノ・金という経営資源に乏しいベンチャー企業にとって、最大の資産は事業に賭ける誰にも負けない思い、パッション以外にはありえないのです。

だから、起業に際して最初から経営戦略を大上段にふりかざし、理詰めの戦略主導で事業を進めていくことは得策とは言えません。少なくとも立ち上げから数年、つまり「0」から「1」を生み出す過程においては、経営者の思いだけで突き進んだほうがいい。たとえ周りから「うまくいくはずがない」と指摘されたとしても、経営者は自らの主観を信じて、逆風を突破する。それこそが起業の原点なのです。

本田宗一郎氏は創業間もないころに、当時のバイクレースの最高峰であるイギリス・マン島のレースに出場し、優勝してみせるとぶち上げました。そんな氏の発言は、周囲の〝常識的な人たち〟の耳には、「大ボラ」にしか聞こえませんでした。

けれども、ホンダはその五年後にマン島レースに初出場を果たし、その二年後には初優勝の栄冠を獲得しました。自分の夢に対する強烈なパッションがなければ、こんな芸当をやってのけることはできなかったでしょう。ホンダが世界に認められる二輪メーカーへと発展していくエンジンとなったのは、まさに経営者である本田氏の思いだったのです。

「1」から「100」に育てるには経営戦略が不可欠

経営者の思いと行動によって「0」から「1」を生み出すことに成功しても、そこから企業を「100」に発展、成長させていくためには、思いだけで突っ走ってもうまくいきません。このステージでは、理詰めの経営戦略が必要となります。「1」まで育てた事業を、これからどのように成長させていくかは、まさに経営戦略の質にかかっているのです。

今後どの市場で売るのか、今後どのような商品を主力に据えるのか、今後どのような売り方をするのかなど、成長を実現するために、明確にしなければならないポイントが数多く出てきます。

事業の拡大期においては、さまざまな選択肢の中から、最も、理に適った事業戦略を選択することが不可欠です。理詰めのアプローチがなければ、経営資源が決して潤沢とはいえないベンチャーにおいて、「1」を「100」に育てることはできないのです。

つまり、「0」から「1」をつくるステージでは、経営者の「これがやりたい！」という思いで突き進む。しかし、「1」から「100」への成長を考える段階になったら、冷静かつ客観的な分析・判断に基づく合理的な経営戦略を検討、立案する。思いと行動重視のステージから、理詰めと仕組みの構築へと移行することによって、事業は飛躍するのです。

経営戦略の「熱量」

「1」から「100」へ成長する上で、合理的な経営戦略は不可欠ですが、ここで気をつけなければならない落とし穴があります。それは、あまりにも情報や分析に偏重し、一見すると客観的ではあるが、気持ちのこもっていない「乾いた」戦略になってしまうことです。

一般的な情報や分析だけでは、「机上の空論」になりがちです。経営者の思いに裏打ちされ、自ら市場に足を運んで得た一次情報や現場感覚をもとにした、鋭い着眼と地に足の着いた発想に充ちた経営戦略を指向しなければなりません。

合理性とは成功確率を高めるために必要な要素です。無謀な戦いを避け、勝てる確率の高い経営戦略を練ることは、企業の成長、発展にとって不可欠です。

しかし、表面的な理屈だけ辻つまがあっても、そこに「熱」がなければ本物の経営戦略にはなりえません。「どこまで本気でやりたいのか」という「熱量」の大きさは、「1」から

「100」への移行期においても欠かせない要素です。「主観」と「客観」が混じり合うことによって、質の高い経営戦略は生まれてくるのです。

＊ケーススタディ13＊　経営者の「主観」で突っ走るマザーハウス

マザーハウスは二〇〇六年に山口絵理子氏が立ち上げたベンチャー企業です。そのコンセプトは「途上国発のブランド」をつくる。具体的には、バングラデシュで地元の素材、ジュートを活かしたバックを生産し、日本や台湾で販売しています。

彼女は大学四年のときに南米向けの国際援助機関・米州開発銀行にインターンとして採用され、あこがれのワシントンに赴任しました。しかし、そこで途上国支援の現状を見て、大きな虚しさを感じました。職員たちの最大の関心は、いかに組織内でステップアップしていくか。現地に足を運ぶこともほとんどない現実に失望したのです。

米州開発銀行を離れた彼女は、パソコンの検索サイトに「アジア　最貧国」と打ち込み、画面に浮かび上がった「バングラデシュ」の文字に誘われるように、バングラデシュに飛んだのです。

この地で山口氏が目にしたのは、貧困を極め、賄賂が横行する社会。「フェアじゃないことは許せない。この国に必要なのは援助ではなく、人々が自立するための経済活動

バングラデシュ特産のジュートを活かしたマザーハウスのバック

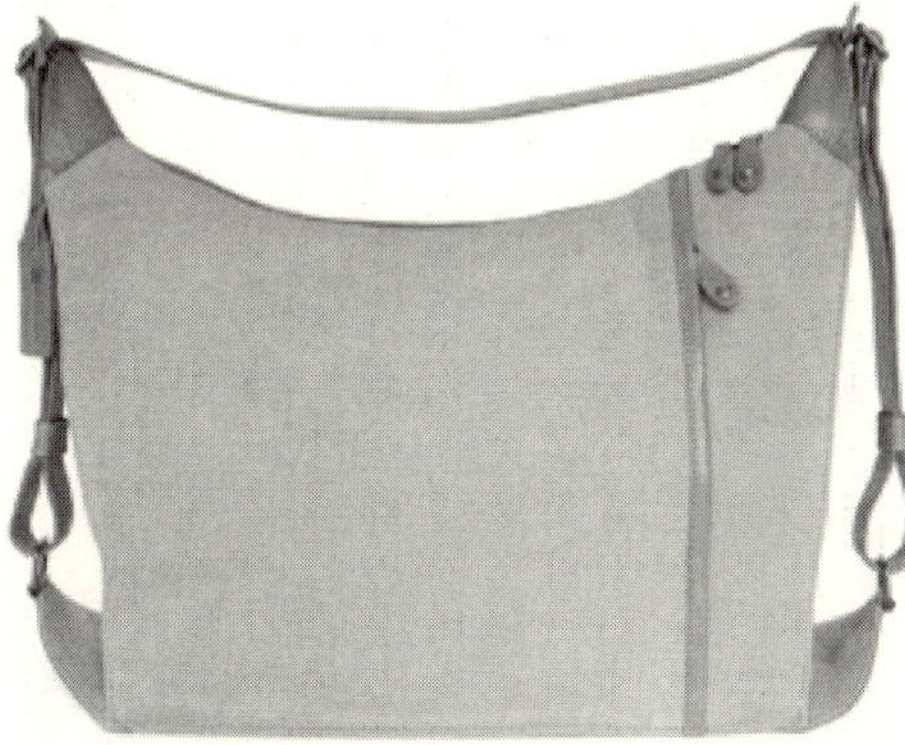

を実現することだ」と考え、「自分に何かできることはないか」と模索しました。

そんな折、ダッカの大学院に通う傍ら、大手商社の現地法人で働いていた彼女は、たまたま立ち寄った展示会でジュートという素材に出会いました。バングラデシュ産のこの麻は、丈夫で通気性が高い。バングラデシュ特産のこの素材を活かして何かできることはないかと彼女は思案しました。

そして、行き着いた結論は、「このジュートで、先進国でも売れる、世界に通用する高品質のバッグをつくろう。バングラデシュが『安かろう悪かろう』の商品づくりから脱して、先進国でも受け入れられる高品質のものをつくろう。それが、この国の人たちを自立に導くのだ」という強烈な思いでした。そして、彼女はマザーハウスを立ち上げました。

当初、事業は困難を極めました。ジュートは扱いが難しく、品質にバラツキがあって、縫製すら一筋縄でいきません。品質に妥協を許さない姿勢を、現地スタッフに徹底するのも大変です。加えて、政情は不安定だし、提携工場とは対立するなど、トラブル続き。向かうところ壁ばかり、という状況だったのです。

しかし山口氏は、そうした困難に果敢に挑み、ひとつずつ乗り越えていきました。彼女の強烈な思いがなければ、とてもできなかったでしょう。彼女のその姿には、若いころの本田宗一郎氏や松下幸之助氏を彷彿《ほうふつ》とさせる起業家の思いとパッションがほとばしっています。

マザーハウスは苦労の末に、日本人も受け入れるデザインと品質を兼ね備えたバッグを完成させ、二〇〇七年には東急ハンズや三越への納入に成功。また、台東区入谷に直営一号店をオープンするなど、順調に業容を拡大させています。

現在は国内で七店舗を展開し、二〇一〇年には念願の銀座への出店を果たしたほか、台湾での販売を開始。さらに、生産拠点をネパールにまで広げています。

こうしてマザーハウスは、創業五年で「売上十億円」を見据えるところまで成長しました。強烈な個人の「主観」で困難を乗り越え、「0」から「1」を生み出したのです。

マザーハウスは今、さらなる成長を続けていくために、じっくりと経営戦略を練る時期を迎えています。今後、どの国でどのような素材を使った商品を展開していくのか、日本における販売をどう拡張させていくのか、日本・台湾以外の海外展開をどのように推し進めていくのか。さまざまな情報を集め、分析を行った上で、合理的な経営戦略を選択することが求められています。「1」から「100」を目指し、真の成功を手に入れるには、今こそ理に適った経営戦略を立案することが求められているのです。

創業期は「これだと決めたら、迷わず突き進む」が大切です。しかし、発展期に入ったら、合理的な経営戦略をさまざまな角度から考え、実行していく。成功する起業は、こうしたステップを経て誕生するのです。

講義14

経営戦略の実現性

情報収集や分析を行い、理詰めの経営戦略を立案しても、それが実行され、具体的な価値として顧客に提供できなければ、まったく意味がありません。経営戦略の立案においては、実現性に対する配慮が極めて重要なのです。

実現性を担保するためには、どのような視点を持てばよいのか。講義14では、「身の丈」と「適社性」という二つの視点から、経営戦略の実現性を考えましょう。

「身の丈」に合った経営戦略

「経営がうまくいっている会社の経営戦略をお手本にして、我が社でも真似てみよう」。経営がうまくいかない時にそうしたい気持ちはよく理解できますが、他社の経営戦略の模倣は失敗に終わるケースがほとんどです。会社によって強みや弱み、さらには経営資源の量も質も違うのですから、経営戦略だけを真似ても、それが実現される保証はありません。

自社の「身の丈」、つまり自社が持つ人・モノ・金の経営資源や組織能力を踏まえ、それに合致した独自の経営戦略を立案しなければ、結果には結びつきません。経営資源や自社の能力を棚上げして、経営戦略だけが一人歩きすれば、実現が覚つかないのは当然と言えます。

「身の丈」を超えた経営の失敗例として、バブル期のマツダを上げることができます。同社はこの時期に「販売チャネルをトヨタ並みの五チャネルに拡大する」という策に打って出て、大火傷を負いました。

マツダは「お客さまのニーズは多様化しているのだから、わが社もトヨタのように販売網を多様にしなくてはいけない」と考え、従来の「マツダ」チャネルに加え、「ユーノス」「アンフィニ」「オートザム」「オートラマ」と四つのチャネルを展開する「多チャネル戦略」に打って出たのです。

ところが、多様な販売チャネルをつくることはできても、トヨタのような強大な商品開発部隊がいるわけではないので、多様な商品を投入することは困難でした。結局は、どの販売チャネルでも似たような車を売っている、といった状態に陥り、それぞれの販売チャネルを個性的なものにすることはできませんでした。この失敗により、マツダは経営危機に陥り、米国フォードの救済を受けざるをえなくなってしまったのです。

二〇〇三年に七年ぶりの生え抜き社長に就任した井巻久一氏は後に、「身のほどを知って経営しなきゃいかん」と語っています。まさに経営戦略が「暴走」し、経営を窮地に落とし入れてしまったのです。

この苦境から脱するために、マツダは車種を絞り、工場閉鎖を断行するなど、縮小均衡路線に舵を切り直しました。その後、「マツダらしさ」を追求し、二〇〇二年に満を持して「アテンザ」を発売、復活の狼煙《のろし》をあげたのです。それ以降、マツダが元気を取り戻した背後には、「身の丈に合った経営戦略」があったのです。

ここでひとつ付け加えておかなければならないのは、「身の丈」に合わせるということは、決して「縮こまれ」という意味ではないということです。無難な、萎縮した経営戦略に終始したのでは、企業に活力はもたらされません。「身の丈」を理解した上で、常に挑戦的、野心的である経営戦略を立案することが求められるのです。

組織風土、文化に合った経営戦略

経営戦略の実現性を考える上でのもうひとつの視点が、「適社性」です。これは一言で言えば、「らしさ」です。それぞれの会社の風土や文化に合った「その会社らしい」経営戦略であるかどうかを検証する必要があります。それぞれの会社には、その生いたち、歴史、営んでいる事業の特性などから、独自の組織風土や文化が形成されています。そうした目には見えない会社の社風と経営戦略がマッチしているかどうかも、経営の実現性に大きく影響します。ここに大きなミスマッチがあると、経営戦略の実現は容易ではありません。

講義4でお話しした花王の例を思い出してください。フロッピーディスクでシェア一位になるなど、新規参入した情報関連分野が好調だったにもかかわらず、撤退を決断した最大の要因は、この事業が「花王らしくなかった」からです。製品の寿命が比較的長く、地道な改良の連続が得意な花王にとって、変化のスピードが速く、浮き沈みの激しい情報関連分野は、花王の風土や文化とはマッチしていないと、経営陣は判断したのです。

たとえその分野で卓越した技術を有していても、営む事業や製品の特性が自社の組織風土や文化と合っていないというケースは数多く見られます。初期の製品開発には成功しても、持続的な優位性を構築することは困難といった事態に陥ってしまいがちです。

もちろん、組織風土や文化をあまり固定的に考えるのも問題です。過去の歴史に引きずられずに、組織風土や文化を時代に合わせて変えていく努力も求められます。

しかし、長年に亘って形成された組織風土や文化を一朝一夕に変えることが困難であるのも事実です。打ち出した経営戦略が「うちの会社らしい」かどうかは、その実現性を担保する上で、重要な視点なのです。

＊ケーススタディ14＊　カゴメの戦略転換

カゴメは一九八〇年代後半から九〇年代初めにかけて、事業の多角化に取り組みました。「SKY計画」を発表し、「総合食品メーカー」を目指す経営戦略を打ち出したのです。

その背景にあったのは「トマトケチャップやトマトジュースなどの従来からの定番商品だけに頼っていては、成長に限界がある」という考え方でした。市場の成長性や魅力度という視点で見れば、同じ食品分野の中で成長が期待できる複数の事業を立ち上げ、広げていく経営戦略自体には、一定の合理性があります。

しかし、結果としてこの経営戦略は失敗に終わりました。なぜなら、経営戦略を立案する際に、「カゴメらしさ」の検証が抜け落ちていたからです。

カゴメは従来、自らトマトやニンジンなどの野菜を育種・栽培して商品化するという、言ってみれば〝泥臭い食品メーカー〟として、独自の価値を生み出してきました。多角化戦略はそうした〝カゴメらしい〟価値を埋もれさせてしまったのです。誇りを持って

図表25　カゴメの売上高・営業利益推移

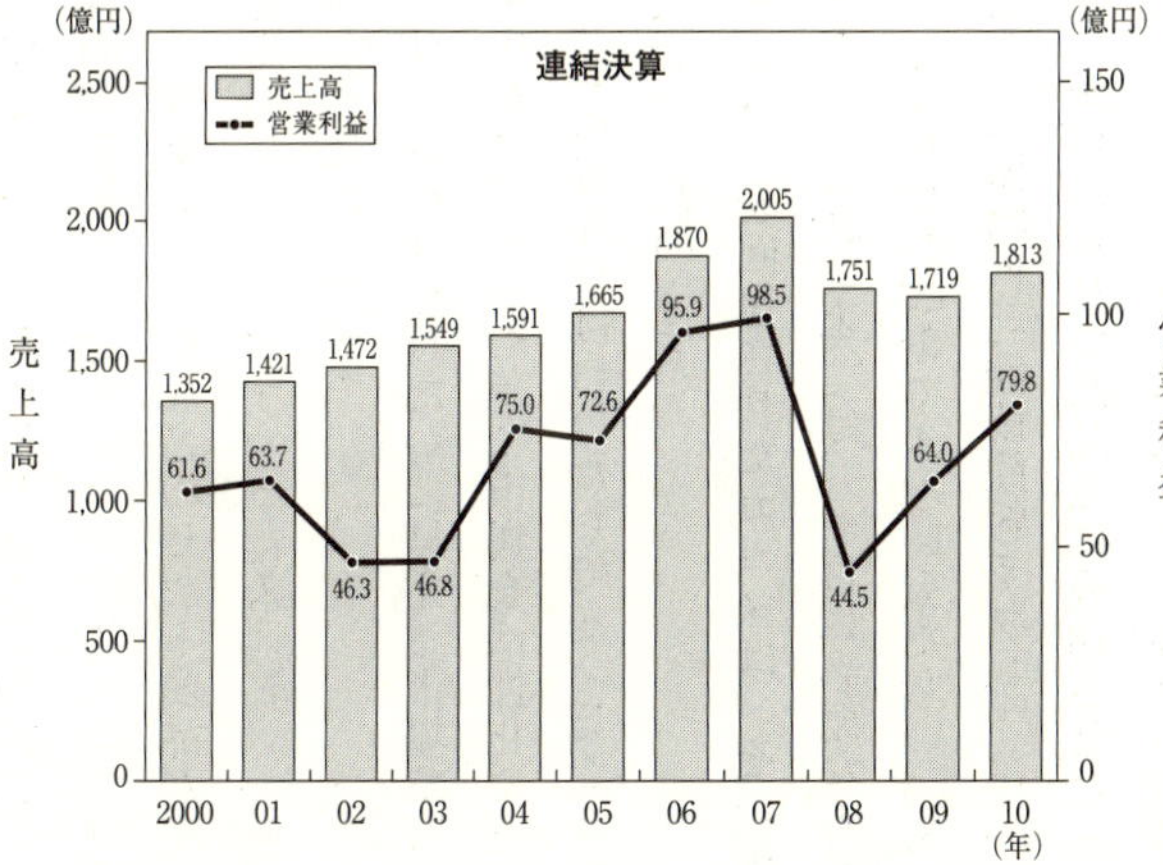

（出典）SPEEDAより

泥臭い仕事をやってきた現場も、資源分散につながる多角化戦略に納得できませんでした。

結局、この「SKY計画」で売上高は増加したものの、収益力は大きく低下してしまいました。ブランドイメージが拡散し、「カゴメらしさ」を失うという最悪の状況に陥ってしまったのです。

そんな苦境の中、一九九六年に社長に就任した伊藤正嗣氏は、「創業者の心に帰る」と宣言し、社内体質の改革に乗り出しました。カゴメ本来の持ち味に軸足を置き、「農業食品メーカー」へと原点回帰する戦略転換を図ったのです。

具体的には、商品ラインを半数近くに

削減する一方で、その絞り込んだ商品ひとつ一つを大切に手づくりで育てていくことに、全社の力を結集させました。この「カゴメらしさ」の追求が功を奏し、キャロットジュースや野菜ジュースなどのヒット商品が生まれ、同時にトマトケチャップをはじめとする定番商品のシェアアップにも成功。「農業食品メーカー」としてのカゴメブランドを復活させたのです。

一見成長が鈍化したかに見える市場でも、自社の強みを深掘りしてユニークな価値を生み出せば、自らの手で市場を活性化することが可能である、という好例と言えるでしょう。「市場環境は自分たちで変えることができる変数である」ことに、カゴメは改めて気がついたのです。

「らしさ」を回復させたカゴメは、その後もヒット商品を連発しています。たとえば「野菜一日これ一本」は、一日に必要な野菜を一本の飲料で賄えるもの。野菜不足の食生活をなかなか改善できない人たちの〝ものぐさ需要〟を掘り起こしました。

また、「植物性乳酸菌飲料ラブレ」は二〇〇三年に雪印ラビオから研究を引き継いで以来、四年がかりで商品化に成功させたものです。京都の伝統的な漬物「すぐき漬」から発見されたラブレ菌は、ガン細胞の増殖を抑制するNK（ナチュラルキラー）細胞の活性化や、そのために必要なインターフェロン－αを増やす働きがあると言われています。自然の力で免疫力をつけられるのです。「菌が強すぎて、飲料には不向き」とされる困難に果敢に立ち向かったところに、カゴメの強さがうかがわれます。

このほか、通販限定商品の「旬しぼり」が好調です。新潟県津南の露地栽培のトマトだけを使い、栄養と味がピークを迎える八月中・下旬だけに摘み取ってそのまま搾ったトマトジュース「夏しぼり」をはじめ、産地と素材、季節にこだわったこのシリーズは開発者の熱い思いがこもったプレミアムな商品です。

こうしてカゴメは、「畑が第一の工場」と原材料の品質を重視する理念の下、世界トップクラスの種子研究から始まる商品開発力を原動力に、快進撃を続けています。

さらに、カゴメは、一般個人株主を増やすという政策を打ち出しています。二〇〇一年に「ファン株主十万人構想」を立ち上げ、目標より一年半早い二〇〇五年九月に目標を達成しました。

これは、一般個人株主とファンづくりを連動させる作戦。「企業は社会の公器と言われながらも、現実の資本構成は金融機関との株式の持合などがあり、必ずしもそうなっていない。カゴメのような消費財メーカーとしては、多くのお客様に株主になってもらうことが王道である」という考え方が、その背後にあります。こうした取り組みにも、「カゴメらしさ」が現れていると言えます。

市場の成長性だけに依存するのではなく、自分たちで市場の成長を生み出せるかどうか。そこに企業の本質的な競争力が示されます。カゴメの戦略転換による成功はまさに、企業内部の視点から合理性を担保する具体例であると言えます。

講義15

破壊と創造

企業は常に進化し続けなければなりません。そのためには、ときに経営戦略を大胆に転換し、同時にそれを実現できる組織能力を磨き続ける必要があります。

特に、成功した企業はその成功故に変革が滞り、構造的な問題を抱えてしまいがちです。そうした事態に陥ったときには、大胆にメスを入れる、つまり「過去のやり方を破壊して、新しい会社を創造する」という考え方で再生に取り組む必要があります。

本クラスの最後となる講義15では、企業再生のシナリオとしての「破壊と創造」をテーマにお話ししていきましょう。

成功の復讐

一度成功してリーダーの地位を手に入れると、どうしても会社全体が知らぬ間にその成功のうえに胡坐《あぐら》をかき、慢心してしまいがちです。そうなると、業績が下降線を辿り始めても、なかなかその現実を直視できません。

いつまでも「自分たちはこうやって成功してきたんだ」と過去の栄光にしがみつきがちです。その結果、経営が大きな危機に瀕する苦境に陥ってしまいます。

これを「成功の復讐」と呼びます。過去の成功に固執し、進化の努力を怠れば、必ず大きなしっぺ返しがくるのです。

その典型的な事例として有名なのが、長年ビール業界の王者であり続けたキリンビールです。一時期は六〇％ものシェアを誇るほど、確固たる〃万年リーダー〃の座に君臨していました。しかし、「スーパードライ」をひっさげて起死回生の攻勢をかけてきたチャレンジャー・アサヒビールの追撃にあい、シェアを逆転され、トップの座から陥落してしまいました。

これについては「ケーススタディ7」で、アサヒビール側のストーリーとして学びました。キリンがアサヒに負けた理由は明白です。「ラガー」に代表される「定番」商品の上に胡坐をかいていたからです。当時、「ラガー」は、放っておいても売れるほどの人気商品。営業の現場では「売る」ことを「配給」すると言っていたほど、需要が供給を上回る状態が続いていました。その結果、商品開発や営業努力に腰が入らず、アサヒの追撃を許してしまったのです。

リーダー企業といえども、慢心と緩みが企業内にはびこると、「成功の復讐」に足元をすくわれてしまいます。リーダーであり続けるためには、リーダーの座に安住することなく、常に経営戦略を見直し、挑戦し続けることが不可欠なのです。

リストラクチャリングとは構造改革のこと

リーダー企業が首位から滑り落ちて、収益が悪化していくと、「それまで成功をもたらしてきた〝過去の遺産〟を破壊する」という大きな構造改革が必要となります。一時的な不調ならまだしも、構造的な問題を抱えてしまうと、抜本的な改革に着手しなければ、会社が再起不能に陥ってしまいかねないのです。

こうした企業再生のことを、「リストラクチャリング」と呼びます。

この場合のリストラクチャリングというのは、一般的によく使われる「リストラ」とは異なります。「リストラ」は人員解雇や雇用整理といった意味でよく使われますが、本来のリストラクチャリングとは「企業の成長や価値の増大を目的とした企業の構造改革」を意味するものです。決して縮小均衡のみを指す言葉ではありません。

リストラクチャリングは「財務」「戦略」「業務」という三つの要素で構成された「統合再生計画」の下で実施されるのが一般的です。それを、ＩＢＭの事例で説明しましょう。

ＩＢＭは創業以来、順調に成長し、「世界のエクセレント・カンパニー」と高い評価を受けていました。ところが一九九〇年代の初め、経営危機に直面しました。

ＩＴ業界がメインフレーム中心からダウンサイジング、ネットワーク、ソフト・サービス化へとシフトしていくなかで、対応が遅れてしまったのです。そうした問題が、九一年のオイルショックを機に一気に噴出してしまいました。

そこへ「再建屋」としてＣＥＯに就任したのがルイス・ガースナーです。彼はアメリカン・エキスプレス、ＲＪＲナビスコを経て、瀕死の状態にあったＩＢＭの再建に立ち向かったのです。

彼は最初の二年間、財務と業務のリストラクチャリングに専念しました。財務面では、生産拠点を五十カ所から九カ所に減らし、資産を圧縮するとともに、調達コストを二〇％、情報化コストを四七％削減しました。キャッシュの流出を防ぐ「止血」と、キャッシュを確保する「輸血」の両面から緊急的な対策を行ったのです。

業務面では、従来の機能別縦割り組織の弊害を取り除こうと、業務プロセスを一新。生産のリードタイムや受注処理から生産手配までの時間などを短縮化する改革を推進しました。これは「Transforming IBM」と呼ばれています。

こうして財務・業務の両面でリストラクチャリングを進める一方で、ガースナーは戦略面では、それまでのハード志向からより収益性の高いソフト・サービス志向へと大きく舵を切りました。ソフト・サービスを新たな成長の柱とすることを明確に打ち出したのです。

リストラクチャリングの目的は、あくまでも「新たな成長を目指しての企業再生」であり、「成長の道筋」としての経営戦略を明確にする必要があります。その際に重要なのが、「選択と集中」を徹底させ、コア事業に絞り込むこと。ガースナーは〝教科書通り〟の改革を実行し、ＩＢＭをわずか数年で再度成長軌道へと乗せることに成功したのです。

「生きた」経営戦略を打ち出し続ける

経営は単に「儲かればいい」というものではありません。何十年、いや何百年と続く永続性がとても重要です。「ゴーイング・コンサーン」、つまり事業を永続的に継続・発展させていくことこそが、企業の社会的責任・使命なのです。なぜなら、顧客や投資家、取引先、従業員などすべてのステークホルダーは、「企業の事業活動は継続する」ことを前提としているからです。

しかし、企業を取り巻く環境は時々刻々と変化していきます。そうした環境変化に対応できなければ、どんなに隆盛を極めた企業でも淘汰されてしまいます。そうした事態に陥らないためには、リストラクチャリングが必要になる前に自分たちの手で対策を講じ、変わっていくことが本来のあるべき姿です。

いかに好調の波に乗っていようとも、常に経営戦略の妥当性を検証・評価し、必要に応じて機動的に修正する。さらには、新たな環境に即した経営戦略を、常に模索することが不可欠です。

花王は「現状不満足企業たれ」を全社スローガンとして打ち出しています。常に現状を否定し、進化しようとする姿勢こそが、「ゴーイング・コンサーン」を実現する唯一の方法です。常に変化を先取りし、「生きた」経営戦略を打ち出し続けることが求められているのです。

＊ケーススタディ15＊「破壊と創造」で危機を克服したパナソニック

パナソニック（旧松下電器産業）は、創業者であり「経営の神様」と讃《たた》えられる松下幸之助氏が一九八九年に亡くなった後、「暗黒の九〇年代」と呼ばれる時代に突入してしまいました。

米映画会社ＭＣＡの買収失敗、五千億円もの損失を出したナショナルリース事件、冷蔵庫のコンプレッサーの事故と三つの大失敗が重なり、「家電王国・松下」が大きく揺らいだのです。そこへＩＴバブルの崩壊が加わり、二〇〇二年三月期には創業以来初の赤字に転落しました。それは同時に、売上高でソニーに逆転を許した瞬間でもありました。

二〇〇〇年に社長に就任した中村邦夫氏は、松下（当時）の再生を賭けて、「破壊と創造」の取り組みを開始しました。翌二〇〇一年四月には「創生21計画」を打ち出し、「改革に聖域は設けない」と宣言。抜本的な構造改革に着手したのです。

松下でいう「聖域」というのは、松下翁の遺産とも言うべきものです。松下の社員に

図表26　「創生21計画」の歩み

2001年度の改革
- 事業部制を解体し、製造部門を独立
- 「ナショナル」「パナソニック」のブランド別にマーケティング本部を新設
- 松下電子工業を吸収合併
- 早期退職制度を導入（1万3000人が退社）
- 国内外30カ所以上の製造拠点を統廃合
- IT革命に2004年3月までに1400億円を投資すると発表
- セル生産を導入

2002年度の改革
- 松下通信工業、九州松下電器、松下精工、松下寿電子工業、松下電送システムを完全子会社化（持ち株比率100%）
- 「V商品」を選定し、シェア獲得と収益力のアップを目指す
- キャッシュフロー2000億円の改善を目指す
- OBに支給する松下独自の福祉年金の利率を引き下げ

2003年度の改革
- 事業部制解体の総仕上げとして、14の事業ドメインごとの自主責任経営に移行
- DVDレコーダ「DIGA」と薄型テレビ「VIERA」を発売
- 「Panasonic」をグローバルブランドとして統一
- ミネベアとモーター4事業の統合再編を発表
- 松下電工を持ち株比率51%の子会社化とすると発表

（出典）『日経ビジネス』2004年1月19日号　P8から転載

とって創業者はあまりにも偉大すぎる存在であったため、氏への畏敬《いけい》の念がいつしか「松下翁の決めたことは変えてはならない」という呪縛となっていました。

「考えてみれば、幸之助という人は破壊と創造を繰り広げてきた人です。であれば、創業者の残したものだからと言って、残さなければならない道理はない。そんなことをしていたら、会社は潰れる。我々が受け継ぐべきは幸之助の理念。それ以外はすべて破壊する」

中村社長はそう考え、幸之助氏が導入した系列販売店や事業部制など、「聖域」とされていた仕組みに次々とメスを入れていきました。

たとえば同社の系列販売店は、全国に二万店に上ります。冷蔵庫、洗濯機、エアコン、ビデオなど、戦後の生活必需品を日本の隅々に届ける、松下を支える強力な販売チャネルでした。しかし、時代が変わり、家電量販店が全国に広がるにつれて、その重要性は急速に低落していきました。

系列販売店の立て直しを図るため、それまでの〝お客様扱い〟を排除。系列店が自主独立で収益強化を図ることが両者にとって大事だと考え、新たな研修制度「プロショップ道場」を始動させました。受講料は系列店負担。やる気のある系列店だけを選別し、パートナーとする仕組みづくりで健全化を狙ったのです。

また、松下電器と子会社がばらばらに取り組んできた重複する事業分野を統合整理し、十四のグループに再編しました。そのために松下通信工業、九州松下電器など四社の上場廃止と松下電送システムを加えた五社の完全子会社化を打ち出しました。

それまでは事業部や分社が似通った製品を同時に手がけ、社内競争によって開発力を高めるという考え方がベースにありました。しかし、そのことによるメリットよりも、むしろ重複による効率低下の方が大きな重荷になっていたのです。

このほか、早期退職者制度の導入や国内外三十カ所以上の製造拠点の統廃合などを断行。その一方で、プラズマディスプレイや携帯電話、DVDなどの八十八品目を、市場シェアでトップを狙う「V商品」と定めて強化を図るなど、商品戦略面でも大鉈《おおなた》が振るわれました。

こうした「破壊」が一定の成果を見せた二〇〇四年、〝中村改革〟は第二幕を迎えます。過去を否定し、大きくメスを入れた後に、「創造」に軸足を移し、松下を再び成長軌道に乗せることを目指す「躍進21計画」を始動させたのです。

二〇一〇年を見据えていたこの計画では、成長のエンジンと位置づけた「V商品」を引き続き強化するとともに、半導体事業や十年先を見据えた技術力、海外事業、経営体質などを強化する内容を打ち出しました。

松下は「創生21」から「躍進21」へと、「破壊と創造」の二段構えで改革を断行し、再び成長軌道を取り戻すことに成功したのです。

補講１　「資源ベースアプローチ」という考え方

　これからの三回の補講では、これまでの十五回の講義で学んだ考え方を実践する上で知っておいたほうがよい三つのテーマについてお話ししたいと思います。まず補講１では、多様な経営戦略理論の中における「資源ベースアプローチ」という考え方について学んでいきましょう。

　「戦略」という言葉が生み出されたのは、それほど昔のことではありません。講義１で学んだように、ビジネスの世界において、戦略という言葉を最初に使ったのは、アルフレッド・チャンドラーだと言われています。それ以降、イゴール・アンゾフを中心とするプランニング学派、マイケル・ポーターを中心とするポジショニング学派など多様な経営戦略研究が行われており、その主張もさまざまです。

　このクラスでは、マイケル・ポーターが打ち出した「ポジショニング理論」、すなわち市場の競争環境から「自分たちはどのようなポジショニングをとるべきか」を問いかけて経営戦略を立案する考え方を中心に学んできました。

補講1では、その「ポジショニング理論」とは異なる、「資源ベースアプローチ(Resource-Based View)」という考え方について説明します。これは一九九〇年代に入って、「戦略は企業内の資源に着目して考えることが大事ではないか」という方向性の中から生まれてきた概念です。

企業はそれぞれ持っている資源も能力も異なります。市場という外部要因に着目するよりも、むしろそうした内部要因を重視しようとする研究者たちによって生み出されたものです。企業は「資源の集合体」であり、企業間の格差はその資源の優劣によって決定するという考え方がそのベースにあります。

この「資源」に着目するという考え方は、一九八四年にマサチューセッツ工科大学(MIT)のバーガー・ワーナーフェルトが発表した"A Resource-based View of the Firm"という論文が起源だと言われています。その後、数多くの学者が、「資源」をもとにした経営戦略論を打ち出しています。

あらかじめ断っておくと、どちらの概念が正しいとか、妥当性が高いとかいう話ではありません。実際の経営においては、両方の考え方を共存させてこそ意味があります。どの概念にもそれなりの妥当性があるわけで、ひとつの概念だけで「生きた戦略」を語ることはできません。

その点を踏まえた上で、「資源ベースアプローチ」とはどんな考え方なのか、具体的に見てみましょう。

まず「資源ベースアプローチ」では、資源を次の三つに分類しています。

・有形資産――不動産、生産設備、原材料など
・無形資産――ブランド、特許・商標など
・組織のケイパビリティ――インプットをアウトプットに変換するための人材、プロセス、組織ルーチンなど

ケイパビリティというのは、企業が持つ「組織としての能力」のことです。どのような能力・スキルを持つ人材がいるのか、どのような技術を持っているのか、生産方式や品質管理、製品開発、営業、流通などの分野でどのような組織特有のシステムが確立されているのかなどがこれに該当します。要するに、企業が長い年月をかけて培ってきた「組織能力」を指しているのです。

そして、これら三種類の資源、つまり資産の量と質、そして独自性の高いケイパビリティこそが、企業が優位性を構築するための源泉であるとしています。「保有する資源のストックと新しい資源を獲得・蓄積できるスピードによって戦略は規定される」というのが、この概念の基本的な考え方です。

この概念の特色は、ケイパビリティという企業努力によって磨き上げながら蓄積していくことが可能な要素に着目することによって、経営戦略をダイナミックに扱うことができる点にあります。組織のケイパビリティが向上すれば、それだけ経営戦略の実現性は高まります。そして、経営戦略の選択肢の幅も広がるのです。

個人にたとえるなら、「身体能力（フィットネス）が非常に高い人は、短距離走でも、中・長距離でもこなせる。さらには、跳躍力を活かして棒高跳もできるかもしれない。強肩にモノを言わせて槍投げもいける」といったように、色々な競技で卓越したパフォーマンスを上げる可能性があります。企業経営もケイパビリティを高めれば、さまざまな経営戦略の実現が可能となるのです。

実は、私が二〇〇四年に出版した『現場力を鍛える』（東洋経済新報社刊）は、まさにこの「資源ベースアプローチ」という考え方に立脚したものなのです。日々のオペレーションを遂行する現場のケイパビリティ、つまり「現場力」こそが競争力の源であり、それを磨き続ける不断の努力が必要であることを説いています。

繰り返しますが、私自身は「ポジショニング理論」と「資源ベースアプローチ」は相容《あいい》れないものではなく、共存させてこそ初めて意味があると考えています。ポジショニングとケイパビリティという二つの要素を常に念頭に置いて、「極立つ」経営を実現することが必要なのです。

補講2 「残存者利益」という考え方

新たな経営戦略を立案するときには、とかく成長市場に目が行きがちです。市場そのものがダイナミックに成長していれば、そこで独自のポジションを確立できる可能性が高いと考えるからです。

すでに成熟期を迎えた市場では、ダイナミックな成長は期待できずに、衰退を待つのみ。あえて打って出るほどの魅力を感じられないかもしれません。

しかし、「成熟市場は成長市場よりも魅力がない」とは簡単には言い切れません。事業・市場が成熟していても、そこを「戦う土俵」にして十分な収益を上げることもできるし、成長を実現することも可能です。

講義6で学んだ「事業のライフサイクル」では、「成熟期から衰退期にかけては、競争が激化していくなかで勝ち組・負け組に分かれ、最終的な淘汰を経て、優位性を失った企業は撤退していく」と説明しました。市場の成熟と共に、プレイヤーの数は間違いなく減っていきます。

市場としては成熟期を迎えていても、競争相手が淘汰されていくなかで、企業としては成長し、大きな利益を上げる可能性があるのです。これを「残存者利益」と呼びます。

この経営戦略は事業や市場そのものが消滅することなく存続し、またその会社に成熟期を堪え忍ぶだけの体力があるならば、極めて有効と言えます。成長はしないまでも、世の中から絶対になくならない事業を選択し、ライバルたちが消えていった後の利益を独り占めする。市場の成長性という魅力度が高くなくても、企業としては十分な成長、利益を確保することができるのです。

そのお手本とも言える例が、米ミズーリ州セントルイスにある機械メーカー、エマソンです。「ケーススタディ11」で日本電産が一部門を買収した会社として紹介しました。

一八九〇年に交流モーターの製造会社としてスタートしたエマソンは、今や世界中に二百四十の製造拠点を持ち、約十二万八千人の従業員を擁する大企業に成長しました。二〇〇八年の売上高は二百四十八億ドルで、営業利益は四十億ドルに上ります。しかも、四十四年連続増収、五十四年連続増配という驚異的な実績を上げています。

これほどの高収益を実現している成長企業でありながら、事業領域は産業用モーターや工具、ギア、コンプレッサーや制御器など、どれも「成熟」していると見られる事業ばかり。

そのほとんどは一般的には、魅力的な市場とは認識されていない分野です。

エマソンは積極的なM&Aによって、次々とこの分野の企業を傘下に取り込んできました。産業用のコンポーネントという分野を中心に、六十以上のブランドを展開していますが、その多くがM&Aによって獲得したものです。

数多くの企業がひしめき合い、熾烈な競争を繰り広げ、やがて淘汰されていくなか、エマソンは「競争には敗れたが、高い技術力やブランドを有する企業」を次々と買収しました。たとえ成熟・衰退市場であっても、競争相手がいなくなれば〝一人勝ち状態〟。そうした状況をつくり出すことによって、エマソンは「成熟市場の勝ち組」としての絶対的な基盤を拡大していったのです。

エマソンの戦略性の高さは、たとえば産業用モーターのように、「大きな成長は期待できないものの、絶対になくならない」製品を選び、買収を行ってきたことです。成長性は乏しくても、「産業のコメ」と呼ばれる製品群で圧倒的なポジショニングを確立することを狙ってきたのです。

エマソンのように成熟市場で「残存者利益」を狙う経営戦略を志向する際には、「成熟はしているが、なくならない商品」「競合相手の数と力量」、そして「自社の体力」を念頭において判断する必要があります。その判断を誤らなければ、成熟市場であっても十分に高収益を上げることは可能なのです。

ちなみに、常に買収する側であったエマソンが日本電産にモーター事業を売却したのは、モーター分野で次々とＭ＆Ａを進める日本電産にその事業が高く売れるうちに売却し、そこで得た資金によって他の分野を強化することが狙いと言えます。成熟分野と言えども、そのどこに狙いを定めるかについては、常に戦略的に考え、経営戦略を進化させているのです。

補講3　フレームワークに使われるな

経営戦略の授業では、戦略立案に有効なさまざまなフレームワークを学びます。これまでの講義でもいくつかのフレームワークを説明してきました。それらは経営戦略立案の「道具」として身につけておいて損はありません。

ただし、そこにはひとつの落とし穴があります。それは学んだフレームワークが「足かせ」となり、かえって創造的な思考を妨げることです。フレームワークという「既存の枠」が与えられることによって、それに縛られてしまうリスクがあるのです。

たとえば「3C」というよく使われるフレームワークがあります。講義2で簡単に説明したように、これは「Customer」「Company」「Competition」という三つの視点から現状の棚卸しを行い、整理するためのものです。

この「3C」自体の有効性は否定しませんが、何も考えずに盲目的にそのまま使ってしまうのは問題があります。そもそも「三つのC」という枠組みで整理することが妥当なのかどうかということから考え始めるべきなのです。

会社によっては、たとえばChannel（販売チャネル）の重要性が高いところもあるでしょう。その場合は「Channel」を加えた「4C」とすべきです。また、企業の社会的責任を問うCSR（Corporate Social Responsibility）を新たな視点として加える必要がある会社もあるかもしれません。もちろん、必ずしも「C」の頭文字にこだわる必要もありません。

要は、「3C」というフレームワークを習ったからそれを使うんだというように決めてかかると、既存のフレームワークに「使われる」ことになってしまいます。「3C」を鵜呑みにするのではなく、それをもとにして、自社にとって最も妥当性の高いフレームワークに〝改良〟していく姿勢を持つことが大切です。それが本当の意味で、フレームワークを「使いこなす」ことなのです。

また、フレームワークを使って現状を整理しても、それだけで終わってしまったのでは意味がありません。大事なのは、そこから何を発想するかです。

やはり講義2で説明した「SWOT分析」というよく使われるフレームワークがあります。これは、「Strength（強み）」「Weakness（弱み）」「Opportunities（機会）」「Threats（脅威）」の四つの項目に該当する事柄を分析・整理し、優位性を構築する上で何が武器となり、何が足りないのかを明らかにするものです。しかし、すべての項目を埋めて、それを漫然と眺めても、新たな発想は生まれてきません。

私自身は整理したものを〝逆読み〟するよう心掛けています。つまり「強み」が実は「弱み」なのではないのか、「弱み」こそ「強み」になるのではないか、「機会」は本当に「機会」なのか、「脅威」は「機会」と捉えられないかというように、敢えて逆の発想で考えようと努めています。

整理した事実をそのまま眺めていても、新しい発見は生まれてきません。何に着眼するのか、視点をどう変えるのかによって、斬新な戦略発想へとつながっていきます。

重要なのは、フレームワークを「知る」ことではありません。知識としてフレームワークを理解すると、フレームワークに「使われる」ことになりがちです。

フレームワークを学ぶ意味は、フレームワークの考え方を学び、自分に合った最適なフレームワークを考える、そしてフレームワークで整理したものをユニークな視点から読み解くことにあるのです。それがフレームワークを「使いこなす」ということです。

ビジネススクールで学ぶことはたくさんあります。しかし、学んだ理論や知識がかえって足かせとなり、自由な発想を妨げるリスクも潜んでいます。

「知識は大いに学べ。でも、知識に使われるな」

これを最後のメッセージにして、このクラスの講義を終えたいと思います。最後までご清聴いただき、ありがとうございました。

おわりに

　本書では、早稲田大学ビジネススクールで私が行っている「経営戦略」の講義の内容をお届けしました。自分で言うのもおこがましいのですが、このクラスはビジネススクールの学生たちにとって、とても刺激的なものになっているようです。

　クラスの最後にアンケートを記入してもらい、担当教員はその評点、コメントを後で見ることができるのですが、「最もビジネススクールらしい授業だった」「九十分がいつもあっという間だった」「この授業にもっと早く出会いたかった」などのコメントをもらっています。教員冥利につきます。

　このクラスは、二年制の一年目にコア科目として履修するのが原則なのですが、中には二年目に「聴講生としてもう一度受講したい」と言ってくる学生が、毎年何人もいます。ビジネススクールで経営の全体像を体系的に学んだ後に、その集大成として経営戦略ともう一度向き合いたいという学生の気持ちはとてもよく理解できます。また、おそらく一度目の受講では理解できなかったことも、二度目の履修でようやく理解できるということもあるでしょう。それほど経営戦略は奥が深いということです。

本書では、「経営戦略」という一般的には〝硬い〟と思われている科目を、できる限り分かりやすく解説してきたつもりです。しかし、やはり書籍という形では残念ながら限界もあります。

実際のクラスでは、ゲストスピーカーを招き、臨場感たっぷりに〝生きた〟経営戦略を「体感」してもらう工夫をしています。二〇一一年度の授業では、本書でも取り上げたマザーハウスの山口絵理子社長（起業と経営戦略）、HOYAの伊藤芳子アイケア事業部長（ニッチャーの戦略）、ローランド・ベルガーの山邉圭介パートナー（破壊と創造）の三人をお招きし、実体験に基づく経営戦略の要諦について生々しく語ってもらいました。

本書を読まれた読者の方も、本書で得られた知識をもとにして、ここで取り上げた企業などに関心を持ち、実際に店舗に出向いたり、商品を手に取ったり、広告などに目を向けてみてください。優れた企業であれば、そうした顧客との接点の部分で、その会社の経営戦略が具体的な形として表現されているはずです。「なるほど、この会社はここで差別化しようとしているのか」と合点がいけば、その会社の経営戦略は現場に反映されているということになります。

私はこのクラスで取り上げるケーススタディなどを毎年入れ替え、常にフレッシュな内容を保つ努力をしています。旭山動物園も、これほどの〝全国区〟の人気になる前から取り上げてきました。一般的によく知られている大企業だけでなく、マザーハウスなどのベンチャー企業にも着目しています。

私はこのクラスで「経営戦略論」を教えるつもりはありません。実践に役立ち、成功につながる「経営戦略」を学んでほしいと思っています。そのためには、型にはまった理屈から入るのではなく、〝生きた〟実例から学ぶことが一番だと信じています。このクラスを受講した学生から、優れた戦略家、経営者が多数生まれてくることを願っています。

経営戦略に「正解」はありません。理詰めで、手順を踏めば、優れた経営戦略が編み出せるわけでもありません。

しかし、「正解」がないから、単純な理詰めではないから、経営戦略を学ぶことは楽しいとも言えます。「サイエンス」でありながら、「アート」でもある。これこそが経営戦略の魅力です。これからも経営戦略という〝生き物〟と謙虚に向き合っていきたいと思っています。

本書の執筆にあたっては、光文社の槌谷昭さんに大変お世話になりました。土曜に行っている私の講義にも毎回足を運んで下さり、出版の後押しをしていただきました。また、執筆に全面的にご協力いただいた千葉潤子さんにも感謝申し上げます。千葉さんと私はなんと同じ中学の同級生。思わぬ形でコラボが誕生し、嬉しく思っています。

そして、毎度のことながら執筆の環境を整えてくれ、図表作成にも携わってくれた秘書の山下裕子さんに感謝申し上げます。こうしたみなさんのご協力があって、なんとか一冊の本にまとめることができました。ただただ、感謝です。

参考文献

遠藤功『企業経営入門』日経文庫、2005年
グロービス・マネジメント・インスティテュート編『MBA経営戦略』ダイヤモンド社、1999年
マイケル・A・クスマノ、コンスタンチノス・C・マルキデス編『MITスローン・スクール 戦略論』東洋経済新報社、2003年
スチュアート・クレイナー『マネジメントの世紀1901〜2000』東洋経済新報社、2000年
P・F・ドラッカー『マネジメント』ダイヤモンド社、1974年
ベンクト・カーレス『企業戦略事典』ダイヤモンド社、1991年
網倉久永・新宅純二郎『経営戦略入門』日本経済新聞出版社、2011年
上杉治郎『日産自動車の失敗と再生』KKベストセラーズ、2001年

他に、日本経済新聞、「日経ビジネス」、などの新聞、雑誌を参考にした。

遠藤功（えんどういさお）
早稲田大学ビジネススクール教授。株式会社ローランド・ベルガー会長。早稲田大学商学部卒業。米国ボストンカレッジ経営学修士（MBA）。三菱電機株式会社、米系戦略コンサルティング会社を経て、現職。ローランド・ベルガードイツ本社の経営監査委員でもある。カラーズ・ビジネス・カレッジ学長。中国・長江商学院客員教授。主な著書に『現場力を鍛える』『見える化』（いずれも東洋経済新報社）、『課長力』（朝日新聞出版）、『「日本品質」で世界を制す！』『伸び続ける会社の「ノリ」の法則』（いずれも日本経済新聞出版社）などがある。

経営《けいえい》戦略《せんりゃく》の教科書《きょうかしょ》

2011年7月20日初版1刷発行

著　者 ― 遠藤功
発行者 ― 古谷俊勝
装　幀 ― アラン・チャン
印刷所 ― 萩原印刷
製本所 ― ナショナル製本
発行所 ― 株式会社光文社
東京都文京区音羽1-16-6（〒112-8011）
http://www.kobunsha.com/
電　話 ― 編集部03(5395)8289　書籍販売部03(5395)8113
業務部03(5395)8125
メール ― sinsyo@kobunsha.com

ISBN 978-4-334-03630-0

527
経営戦略の教科書
遠藤功

早稲田大学ビジネススクール学生満足度№1の白熱講義を初公開！ 日産、コマツ、アサヒビール、セコムなど生きた事例を紹介しつつ「経営戦略とは生き物」との主張を展開する。

978-4-334-03630-0

528
会話は「最初のひと言」が9割
向谷匡史

会話において最も重要なのは、優れた話術でも笑いのネタでもなく、的を射た「最初のひと言」だ！ 各界のトップたちに取材を続けてきた著者が〝最強のひと言〟を伝授する。

978-4-334-03631-7

529
精神医療に葬られた人びと
潜入ルポ　社会的入院
織田淳太郎

ノンフィクション作家である著者が、ある精神科病院の「長期療養型」病棟への入院体験をもとに、二十万人とも言われる「社会的入院」の内実を初めて明るみに出す。

978-4-334-03632-4

530
ニッポンの国境
西牟田靖

近年、諸外国との間で続く「領土問題」が日本の新たなリスクとなりつつある。北方領土、竹島、尖閣諸島で何が起きているのか。貴重な現地ルポを交え、その原因と真相に迫る。

978-4-334-03633-1

531
ジャズと言えばピアノトリオ
杉田宏樹

ピアノ・ベース・ドラムスからなるピアノトリオは、まさに「最小のオーケストラ」。本書は、そんなピアノトリオの魅力と聴く醍醐味を、著者おすすめのCDとともに紹介する。

978-4-334-03634-8